PADRÕES DE ALTA PERFORMANCE

Título original: *Patterns for Inhabiting Success*

Copyright © The Napoleon Hill Foundation
Copyright © Joel Jota

Padrões de alta performance
2ª edição: Outubro 2023

Direitos reservados desta edição: CDG Edições e Publicações

O conteúdo desta obra é de total responsabilidade do autor e não reflete necessariamente a opinião da editora.

Autores:
Napoleon Hill • Fundação Napoleon Hill • Joel Jota

Tradução:
Caio Pereira

Preparação de texto:
Flavia Araujo

Revisão:
Rebeca Michelotti
3GB Consulting

Projeto gráfico:
Jéssica Wendy

Capa:
Rafael Brum

DADOS INTERNACIONAIS DE CATALOGAÇÃO NA PUBLICAÇÃO (CIP)

Hill, Napoleon
  Padrões de alta performance: como aplicar os hábitos das pessoas de alto desempenho para ter resultados extraordinários / Napoleon Hill, Fundação Napoleon Hill, Joel Jota; tradução de Caio Pereira. — Porto Alegre : Citadel, 2023.
  288 p.

ISBN: 978-65-5047-251-1

Título original: Patterns for inhabiting success

1. Autoajuda 2. Sucesso 3. Desenvolvimento pessoal I. Título II. Jota, Joel III. Pereira, Caio.

23-4259   CDD – 158.1

Angélica Ilacqua – Bibliotecária – CRB-8/7057

Produção editorial e distribuição:

contato@citadel.com.br
www.citadel.com.br

NAPOLEON HILL
JOEL JOTA

PADRÕES DE ALTA PERFORMANCE

COMO APLICAR OS HÁBITOS DAS PESSOAS DE **ALTO DESEMPENHO** PARA TER **RESULTADOS EXTRAORDINÁRIOS**

Tradução:
Caio Pereira

2023

PADRÕES DE ALTA PERFORMANCE

Introdução
Dr. J. B. Hill

Prefácio e compilação
Judith Williamson

SUMÁRIO

Prefácio — 11
Apresentação — 15
Introdução — 17
Treine o seu cérebro como você treina seus músculos — 27

Texto n. 1 - Determinação — **35**

A fórmula é mágica, mas não é um bicho de sete cabeças — 45

    Padrão Habitual n. 1: prática
    Como praticar a autossugestão consciente..................50

    Padrão Habitual n. 2: prática
    Fórmula da autoconfiança..................52

Texto n. 2 - Você é uma mente com um corpo — **55**

Você é uma mente com um corpo — 64

    Padrão Habitual n. 3: sugestão
    Ação para o sucesso..................67

    Padrão Habitual n. 4: prática
    A técnica do espelho..................68

Texto n. 3 - Imagens são padrões — **71**

Por que as pessoas sabem o que têm que fazer e mesmo assim não fazem? — 79

    Padrão Habitual n. 5: prática
    Desejo..................82

Padrão Habitual n. 6: prática
Seis maneiras de transformar desejos em ouro.................................. 84

Texto n. 4 - A Fórmula Mágica — 87

Padrão Habitual n. 7: meditação
Eu não preciso ser um fracassado!.. 94

Padrão Habitual n. 8: leitura
Autossugestão, a conexão entre a mente consciente e a mente subconsciente.. 95

Texto n. 5 - Bem-estar físico e tensão física — 99

Rotinas e protocolos para atingir a alta performance — 108

Padrão Habitual n. 9: leitura
Hábito.. 161

Padrão Habitual n. 10: sugestão
O poder da escolha.. 163

Texto n. 6 - Autodomínio — 167

Padrão Habitual n. 11: sugestão
Cinco maneiras incríveis de erguer-se dos desastres.................... 173

Padrão Habitual n. 12: leitura
Superando o ambiente... 174

Texto n. 7 - O reino do sucesso — 177

Padrão Habitual n. 13: prática
A Fórmula R2A2: como reconhecer, relacionar, assimilar e aplicar princípios de sucesso.. 184

Padrão Habitual n. 14: sugestão
Sucesso ou fracasso? Você decide... 187

Texto n. 8 - A varinha mágica — 189

Padrão Habitual n. 15: leitura
Escravos da sugestão... 196

Padrão Habitual n. 16: leitura
Hábitos *197*

Texto n. 9 - Complexos psicológicos — 199

Padrão Habitual n. 17: leitura
A pepita de ouro *207*

Padrão Habitual n. 18: sugestão
Padrões de pensamento *208*

Texto n. 10 - Ideias - as velas de ignição do sucesso — 211

Padrão Habitual n. 19: leitura
O valor da versatilidade *218*

O idioma do poder — 219

Padrão Habitual n. 20: meditação
Seu padrão de vida *228*

Texto n. 11 - Liderança — 231

Padrão Habitual n. 21: prática
Livre-se das bobagens *239*

Padrão Habitual n. 22: leitura
Tendências de hábito *241*

Texto n. 12 - Adquirindo boa memória — 243

Padrão Habitual n. 23: sugestão
Faça agora mesmo! *252*

Padrão Habitual n. 24: meditação
Hábitos de crescimento *253*

Texto n. 13 - Mestre do próprio destino — 257

Padrão Habitual n. 25: prática
O fogo do entusiasmo *264*

Padrão Habitual n. 26: sugestão
Veja-se como você quer ser! *266*

Texto n. 14 – Revisão e resumo	**267**
Como tirar seus projetos do papel	277
Padrão Habitual n. 27: leitura	
Desgosto	*283*
Padrão Habitual n. 28: meditação	
Bata, busque, peça	*284*
Não confunda	285

PREFÁCIO

Querido leitor,

O sucesso continua sendo um mistério para a maioria das pessoas, porque a neurociência não consta no vocabulário delas nesse quesito. Esse lado científico do sucesso se fundamenta na crença de que, embora a nossa mente consciente possa estar focada no melhor resultado de sucesso possível, é o nosso reservatório enorme de comportamentos programados, estocados na nossa mente subconsciente, que nos empurra na direção de cumprir os nossos desejos ou que encerra a programação. Para muitas pessoas, esse simples fato parece ser algo impossível, e é precisamente por isso que ele não é considerado no desfecho dos nossos desejos conscientes.

Em *The Biology of Belief* (A biologia da crença), Bruce H. Lipton afirma: "Os comportamentos e as crenças adquiridos de outras pessoas, como os pais, os colegas e professores, talvez não deem suporte às metas da nossa mente consciente. Os maiores impedimentos para a realização dos sucessos com os quais sonhamos são as limitações programadas no subconsciente".*

O Dr. Lipton acertou em cheio ao falar do poder da mente subconsciente na vida diária das pessoas, entretanto, ele admite que, além

---

* Bruce H. Lipton, *Biology of Belief*. Hay House, Inc. 2009, p. 139.

de suas inúmeras descobertas científicas relacionadas à vida das células e expandidas para todo o organismo humano, ainda não tem certeza de qual é o melhor jeito de reprogramar padrões subconscientes já existentes. Ele acrescenta: "Enquanto um comportamento pré-programado está se desenrolando, a mente consciente, que o observa, pode intervir, impedir o comportamento e criar uma resposta nova. Assim, a mente consciente nos oferece o livre-arbítrio, o que significa que não somos apenas vítimas da nossa programação. Para fazer isso, no entanto, você precisa estar totalmente consciente para que a programação não domine tudo – tarefa difícil, como qualquer um que já tentou usar da força de vontade pode confirmar".

Então, agora que uma causa principal de fracasso está ficando cada vez mais aparente, qual é o melhor jeito de uma pessoa substituir programações existentes por novas, mais adequadas para o sucesso? Livros de desenvolvimento pessoal já sugeriram que, primeiro, deve-se identificar a "gravação" e, em seguida, caso seja um programa ofensor, que o "disco" seja apagado mentalmente e então conscientemente substituído por uma nova gravação.

Segundo o Dr. J. B. Hill, a neuroplasticidade do cérebro humano e do sistema nervoso permite seu crescimento e desenvolvimento quando novos padrões de comportamento são transplantados para dentro de programas existentes. Aí se encontra a panaceia que o avô do Dr. Hill, Napoleon Hill, discute no princípio da força cósmica do hábito. A afirmação profunda da crença que o Dr. Napoleon Hill defendia – "Tudo que a mente pode conceber e acreditar, ela pode alcançar" – é, de fato, baseada na neurociência. Dito de outra maneira, atualmente é fato estabelecido que o pensamento consciente pode determinar resultados previsíveis caso a mente consciente e a subconsciente estejam ligadas e os programas combinem.

Usando como analogia uma horta, os pensamentos são sementes plantadas intencionalmente ou não na nossa mente. Essas sementes podem ser de vegetais saudáveis, cujo intento é colher e consumir, ou de plantas nocivas que prejudicam nossa saúde e moral. Visto que cada um de nós é responsável pela vida que lhe foi concedida, é nossa função empregar o livre-arbítrio para cuidar do nosso espaço interior e extrair as ervas daninhas que interferem no melhor resultado possível para o nosso jardim.

Afirma o Dr. Lipton: "Os comportamentos da mente subconsciente, quando não estamos prestando atenção, podem não ser criados por nós, porque muitos dos nossos comportamentos fundamentais foram assimilados, sem questionamento, da observação de outras pessoas". Esse fato é de grande significância por dois motivos: 1) podemos modificar comportamentos que não mais queremos expressar ou manifestar na vida diária por meio do livre-arbítrio, e 2) podemos, agora, reconhecer que talvez vivamos de modo vicário a vida de outra pessoa, porque estamos seguindo seus *downloads* ou programas. Esse pode ser o alerta último para alguém que está com dificuldade de alcançar o sucesso que deseja ter na vida.

E eis o restante da solução. Agora que a causa é conhecida, podemos usar o material existente dos mestres do desenvolvimento do hábito que está por aí há um bom tempo. Talvez houvesse certo ceticismo anterior à compreensão de como funciona o sistema neurológico no ser humano. Mas agora, Emile Coué, Napoleon Hill, Claude Bristol, Ben Sweetland, Ella Wheeler Wilcox, Florence Scovel Shinn e muitos outros fazem todo o sentido nas diretivas que dão para o condicionamento dos nossos resultados ao condicionarmos a nossa mente subconsciente para o sucesso.

Entende-se melhor o sucesso como uma série de padrões relacionados que são ações deliberadas realizadas ao longo do tempo e que, por causa da repetição, tornam-se automáticas. Uma vez automáticos, esses hábitos de sucesso atuam no momento certo para nós, pois se tornaram um padrão baixado e guardado na nossa mente subconsciente. Quando arraigados em nossa mente subconsciente, esses hábitos rotineiros têm a determinação e a persistência de uma erva daninha; em compensação, esses hábitos agora deliberadamente cultivados funcionam mais e são mais produtivos. Eles são filhos dos nossos pensamentos, colocados intencionalmente dentro da nossa psique para produzir descendentes que complementem quem somos e aquilo que ainda pretendemos nos tornar.

Qual outro dom maravilhoso poderia alguém além de um Deus benevolente conceder aos seus filhos? Uma vez que se encontra a chave do seu baú do tesouro, toda a bondade do universo estará à nossa disposição. A simples diretiva Bater – Buscar – Pedir sempre esteve à nossa espera!

Seja sempre o seu melhor,

Judy Williamson

Diretora do Centro de Ensino Mundial
Napoleon Hill, Purdue University Calumet

APRESENTAÇÃO

Napoleon Hill mudou profundamente a minha vida. Ele foi (e ainda é) a pessoa responsável por me dar o conceito claro dos três principais elementos que mudaram a minha trajetória pessoal.

O primeiro é o propósito definido. Antes de ler suas obras, eu não tinha a clareza que tenho hoje sobre a importância de se ter uma meta intencional na vida. Não um acaso, não um evento sem explicação, mas uma ação diretiva e assertiva em prol de alguma coisa. Todos os seus livros falam sobre propósito definido. Não apenas como um dos elementos que as pessoas bem-sucedidas masterizaram em sua vida, mas, acima de tudo, que está acessível a todas as pessoas.

O segundo é o poder de uma Mente Mestra, ou *MasterMind*. O MasterMind pode ser definido como a coordenação de conhecimento e esforço, em um espírito de harmonia, entre duas ou mais pessoas para alcançar um propósito definido.

> É impossível que duas mentes se unam sem que se crie, consequentemente, uma terceira força invisível, intangível, comparável a uma terceira mente." (Napoleon Hill)

Propósito definido + MasterMind combinados são como uma explosão. Eles são o pontapé inicial de toda transformação humana. Como Napoleon Hill uma vez disse:

"Uma vez definido o seu propósito, você precisará buscar a aliança de uma ou mais pessoas, num espírito de absoluta harmonia, para formar um MasterMind. Ninguém pode obter grande prestígio, sucesso ou abundância financeira sem tirar proveito do MasterMind. Ela é o princípio por meio do qual uma pessoa pode utilizar harmoniosamente a inteligência, a educação, a experiência, o talento, a influência, o conhecimento especializado e o capital de outras pessoas para a realização do seu propósito."

E o terceiro elemento foi a abordagem sobre os hábitos, comportamentos e atitudes que garantem o resultado. Napoleon Hill, de diversas maneiras e com inúmeros exemplos apresentados em sua extensa obra literária, mostra quais são as rotinas, os hábitos e protocolos das pessoas de sucesso. Ele entendeu profundamente os fundamentos para se atingir a alta performance na vida e nos negócios. É um guia, um mapa para o desenvolvimento pessoal.

Este é um livro sobre mudança de mentalidade, elevação de conhecimento e utilização de uma metodologia que funciona. Este modelo foi aplicado por todas as pessoas que fazem parte desta obra, e agora está em suas mãos. Use sem moderação. Aprenda a usar as ferramentas dos profissionais de alta performance e experimente uma vida plena.

Seja bem-vindo ao mundo da alta performance e do desenvolvimento humano. Antes de você terminar este livro, sua vida terá se transformado de maneira irreversível. Aproveite a jornada.

Joel Jota
Ex-atleta da seleção brasileira de natação
Especialista em alta performance
Escritor, empresário e treinador de alta performance

INTRODUÇÃO

Toda ideia mantida na mente pelo pensamento prolongado e concentrado assume forma permanente e continua a afetar a atividade corporal de acordo com a sua natureza, de modo tanto consciente quanto inconsciente. A autossugestão, que nada mais é do que uma ideia mantida na mente pelo pensamento, é o único princípio conhecido por meio do qual a pessoa pode literalmente se transformar, segundo qualquer padrão que venha a escolher.

Napoleon Hill

NEUROPLASTICIDADE

Outro termo para a força cósmica do hábito

Segundo o Alcorão Sagrado, Alá ordena a Adão e Eva que <u>não se APROXIMEM</u> da árvore da vida.* Claro que isso difere da versão bíblica, na qual eles são ordenados a <u>não COMER</u> da árvore.** Outra di-

---

* "Ó, Adão! Morai, tu e tua esposa, no Jardim, e apreciai (suas coisas boas) como desejardes: mas não vos aproximeis dessa árvore, ou incorrereis em dano e transgressão."
** E o SENHOR Deus ordenou ao homem, dizendo, "De todas as árvores do jardim tu poderás comer livremente, mas da árvore do conhecimento do bem e do mal, tu não comerás desta, pois no dia que comeres dela tu certamente morrerás".

ferença é que, segundo o Alcorão Sagrado, Satanás tenta ambos, Adão e Eva, que então se aproximam juntos da árvore proibida, enquanto, na versão bíblica, Satanás tenta primeiro Eva a comer, e depois é Eva que faz Adão comer o fruto proibido.

Ora, o que fica claro nas duas versões é que, na criação, ao homem foram concedidos três dons incríveis: a vida humana, em si, com uma alma imortal, o Jardim do Éden e o livre-arbítrio. Bem, o homem perdeu o Éden, mas restaram os dois outros dons – vida e livre-arbítrio. Contudo, sem o Éden, coube ao homem descobrir por conta própria os meios para continuar a viver.

Para isso, o homem ainda tinha o livre-arbítrio, que lhe dava a capacidade de escolher. Parece-me que o livre-arbítrio concedido ao homem, na criação, como um presente de Deus, deve ser incrivelmente importante. Acredito que o livre-arbítrio é uma das riquezas não mencionadas da vida, e que é a mais importante. Somos livres para fazer escolhas: escolhemos odiar ou não; escolhemos amar ou não; escolhemos acreditar ou não; e escolhemos ter sucesso ou não.

Com o livre-arbítrio, temos o poder de criar um Éden para nós e para nossa família, na Terra. Contudo, a maioria das pessoas fracassa em alcançar um novo Éden aqui na Terra. Tendemos a ficar vagando, tomando decisões apenas quando somos forçados a isso. POR QUÊ? Fazemos isso porque é seguro e porque temos medo da mudança. Preferimos ficar vagando pela vida.

Napoleon Hill acreditava que vagar é o maior motivo de fracasso na vida. Na verdade, ele coloca VAGAR em primeiro lugar na sua lista de 54 motivos para o fracasso.* Ele escreveu que é basicamente mais

---

* As pessoas vagam pela vida quando não têm uma meta, quando perdem o foco de uma meta ou quando o medo passa a controlar a mente delas.

fácil "seguir o curso de menor resistência, seguir o fluxo, vagar com a corrente, sem nenhum destino especial em mente".

Eu mesmo já fiz isso. Fiquei vagando, apesar de ser neto de Napoleon Hill. E fiquei vagando apesar de ter presenciado a verdade das palavras dele. Fiquei vagando por 25 anos porque tinha segurança no emprego. Era razoavelmente bem pago. Eu me sentia bem. Vagava porque não tinha motivo para mudar. Mas, acima de tudo, vagava porque não tinha metas de longo prazo, nenhum desejo ardente.

Phil Taylor* me disse, certa vez, que a motivação começa em algum ponto entre a inspiração e o desespero. Ele estava certíssimo, quanto ao meu caso. Mas isso não significa que eu tinha esquecido todos os meus sonhos durante esses 25 anos em que vaguei. Eu ainda tinha sonhos, certamente, mas tinha trocado toda e qualquer esperança de alcançá-los pela segurança no emprego.

Para mim, vagar dava a mesma sensação de ficar "esperando" – esperando que algo acontecesse. Vagar leva a um futuro não planejado com a única certeza de uma velhice inesperada e prematura. O futuro planejado requer pensamento. Mas vagar é apenas o sintoma que brota do verdadeiro problema que todos nós enfrentamos: controlar a nossa mente.

Quando formamos um pensamento, células cerebrais chamadas neurônios disparam. Manter um pensamento faz esses neurônios recrutarem outros neurônios para dentro de uma rede. Quando você larga esse pensamento, a rede se desfaz, até que o pensamento se torna uma lembrança. Repetir várias vezes o mesmo pensamento, no entanto, reforça essa lembrança para construir uma rede mais forte e que consegue reter sua estrutura até que você precise dela.

De fato, o cérebro troca suas conexões para facilitar determinado pensamento. Isso é um exemplo do que os neurocientistas chamam

---

* Phil Taylor é escritor e apresentador de um famoso *talk show*.

de neuroplasticidade. Lembre-se desta palavra: neuroplasticidade – a capacidade da mente de reconectar o cérebro.

Pesquisadores descobriram que o pensamento é o agente que pode ser usado para direcionar o cérebro e seu subconsciente. Médicos usam terapia cognitiva para superar o medo, promover a saúde, reduzir a dor e até elevar o humor.

Algumas terapias medicamentosas fazem a mesma coisa, porém, ao contrário da terapia medicamentosa, a terapia cognitiva pode ser permanente. O novo entendimento do cérebro mostra que a porção frontal do cérebro (chamada córtex frontal e córtex pré-frontal) pode reorganizar o cérebro inteiro. A chave é o pensamento focado, que nos fornece os meios para reconectar nosso cérebro para alcançar uma meta – qualquer meta.*

Hoje em dia, como a alimentação saudável está em voga, é comum dizerem que "somos o que comemos". Mas a ciência também nos diz que "nos tornamos aquilo que pensamos". Por exemplo, os monges tibetanos meditam por muitas horas todos os dias. O Dalai Lama mandou dez desses monges aos Estados Unidos para participar de estudos de mapeamento cerebral. O cérebro deles foi estudado durante a meditação, e a parte do cérebro envolvida em humor, depressão, alegria e personalidade ficava muito ativa enquanto eles meditavam. Ademais, essa mesma área do cérebro permanecia ativa por longos períodos após a meditação. Essas áreas quase nunca ficam tão ativas em pessoas que não meditam ou não rezam.

Os monges meditam para alcançar paz interior e tranquilidade, e agora sabemos que o processo de meditação constrói redes neuronais que tornam isso possível. Embora o "caminho da tranquilidade" de Sidarta Gautama, o Buda, seja pensado como uma jornada espiritual de

---

* Napoleon Hill dizia a mesma coisa quando escreveu sobre usar a mente consciente para recrutar a mente subconsciente como um aliado para alcançar o sucesso, no capítulo 12 de *Quem pensa enriquece*.

despertar, nem por isso ele é menos real ou está menos disponível para todos nós, até certo ponto, sem a necessidade da associação religiosa.

    Freiras franciscanas cuidam de pobres, doentes, órfãos e moribundos, e rezam cinco vezes por dia. Durante as orações, a parte do cérebro delas que envolve a empatia foi estudada, e descobriu-se que ficava muito ativa. As freiras encerram a oração piedosas, contentes e com dedicação renovada para cuidar dos necessitados.

    Matemáticos mundialmente famosos e motoristas de táxi têm algo em comum.* Eles passam boa parte do tempo usando a parte do cérebro que lida com relações espaciais, chamada hipocampo. O hipocampo dessas pessoas demonstra níveis altos de atividade até mesmo depois que elas já encerraram o expediente do dia.

    Tente dormir depois de algumas horas jogando xadrez; sua mente estará tão energizada que você não conseguirá. Isso é o seu hipocampo em ação, incapaz de deixar de lado as jogadas do xadrez. A sua mente pode fazer mais com o pensamento? Sim, muito mais!

    Atitude Mental Positiva é um marco nas obras escritas por Napoleon Hill e W. Clement Stone. O livro é tão famoso que seu título é quase um clichê, e todo escritor de sucesso moderno sério enfatiza a necessidade do "pensamento positivo". Até mesmo Mark Victor Hanson usa "pensamento positivo" como título de seu novo livro.** Deepak Chopra apontou, recentemente, que o pensamento negativo pode também ser útil. Na verdade, o pensamento negativo é essencial para enquadrar um problema e encontrar a solução. É como identificamos as tarefas que precisamos realizar.

---

* *Buddha's Brain* (Cérebro de Buda), de Rick Hanson.
** *Chicken soup for the soul – think positive: 101 inspirational stories about counting your blessings and having a positive attitude* (Zona de conforto para a alma: pense positivo: 101 histórias inspiradoras sobre agradecer pelas coisas boas e ter uma atitude positiva).

Mas qual é o valor do pensamento positivo? Bem, ele é usado para superar o medo, ganhar confiança e estimular ação rumo a uma meta – todas poderosas razões para encorajar o pensamento positivo. Recentemente, diversos artigos de periódicos de medicina (Subramanian *et al.*) relataram que um humor positivo aumenta a capacidade geral de resolver problemas e, em específico, aumenta o uso de *insight* para resolver problemas.* Portanto, o pensamento positivo de fato nos faz mais espertos!

Pensar em algo com frequência PROVOCA esse pensamento ainda mais, até ele se tornar um hábito. Cabe a nós decidir se queremos que nossos pensamentos habituais sejam negativos ou positivos; essa é a base da terapia cognitiva.

Outros estudos mostram que pensamento focado, planejado e repetitivo pode ser usado para superar a depressão e até o medo. Isso acontece com a construção de novas redes de pensamento que são fortalecidas com dados positivos enquanto as redes de pensamento antigas enfraquecem, evitando-se dados negativos. Então a mente pode formar novas redes neuronais. Essas redes nos auxiliam na execução de tarefas e podem nos ajudar a ter sucesso transformando a realização das nossas metas no "desejo ardente" sobre o qual Napoleon Hill escrevia.

A área do cérebro que controla os dedos da mão esquerda de um violinista demonstra bastante atividade durante o treino de violino. Entretanto, a mesma área demonstra bastante atividade quando um violinista bem treinado simplesmente se imagina tocando determinada peça.

Os jogadores de golfe profissionais passam milhares de horas treinando. Isso agrupa os neurônios que controlam o corpo físico em redes que são necessárias para jogar bem. Por que eles visualizam tacadas an-

---

* "A brain mechanism for facilitation of insight by positive affect;" Karuna Subramaniam, John Kounios, Todd B. Parrish, Mark Jung-Beeman; *Journal of Neuro-Science*.

tes de tentar executá-las? O processo de visualizar uma tacada de golfe ativa essas redes para que estejam disponíveis quando forem necessárias.

Você já se perguntou por que todas as dietas PODEM funcionar, mas todas FRACASSAM? O motivo é que a perda de peso NÃO tem a ver com a dieta. A perda de peso tem a ver com, bem, mudanças no estilo de vida, e todo mundo sabe disso, certo?

Então por que ninguém publicou um livro sobre perda de peso que explique como fazer essas mudanças no estilo de vida? A perda de peso não tem a ver com a dieta; essa é apenas uma ferramenta. E também não tem a ver com truques de dieta, como fazer um diário de alimentação, compras planejadas etc. – essas também são apenas ferramentas.

Para perder peso e livrar-se dele permanentemente, a meta de emagrecer tem que ser transformada num desejo ardente mantido pela força do hábito, como qualquer outra meta.* As pessoas que passam anos sem ganhar peso não desenvolvem autodisciplina mais elevada; elas simplesmente aprendem a não ter desejo pelos alimentos que antes sempre desejavam.

Então o que os violinistas, os jogadores de golfe e as pessoas que se dão bem na dieta têm em comum? Cada um deles usa a mente consciente para reconectar o cérebro para construir redes que criam <u>uma força do hábito</u> que não pode ser negada ou dissuadida.**

Embora as novas descobertas da neuropsicologia sejam empolgantes e tenham levado a uma série de livros de autoajuda, o elemento comum de todos eles é a necessidade de um esforço focado, repetitivo, para disciplinar os pensamentos. A coisa que mais me impressiona é que, da perspectiva da aplicação prática, nada disso é novidade. Na-

---

* Para alcançar isso, é preciso integrar os seis passos de Napoleon Hill para alcançar uma meta com um plano coerente de perda de peso.
** Essa é a base da citação mais famosa de Napoleon Hill: "Tudo que a mente puder conceber e nisso acreditar, a mente pode alcançar".

poleon Hill descobriu tudo isso 75 anos atrás. Ele escreveu que seis passos são necessários para alcançar uma meta, qualquer meta.

Os primeiros cinco passos fornecem um método sistemático para entender a sua meta, o preço que você deve pagar por ela, e o que terá de fazer para alcançá-la. O Dr. Hill escreveu:

1. Fixe, na sua mente, exatamente aquilo que você quer alcançar – algo específico.
2. Determine exatamente o que você deve dar em retorno para alcançar a sua meta.
3. Estabeleça uma data definida para alcançar a sua meta.
4. Crie um plano definido e comece agora mesmo, estando você pronto ou não, a colocar esse plano em ação.
5. Escreva uma afirmação clara e concisa da sua meta, o tempo-limite para a sua realização, o que você pretende dar em retorno pela sua meta e o plano com o qual você pretende alcançá-la.

Napoleon Hill disse: "A mente subconsciente pode ser direcionada voluntariamente *apenas por meio do hábito*". Fico impressionado ao ver o quão correto ele estava. O passo 6 foi pensado para ativar a força do hábito necessária para alcançar qualquer meta. Dizia ele:

6. Leia a sua afirmação em voz alta duas vezes ao dia, uma vez pouco antes de se deitar, à noite, e uma assim que acordar, pela manhã.

Ele prossegue dizendo que você deve visualizar e sentir como se já tivesse alcançado a sua meta. Deixe-me dar um exemplo de uma pessoa que usa esses seis passos.

Alguns anos atrás, eu estava num hospital local visitando pacientes na UTI. Uma jovem fisioterapeuta entrou na unidade e começou a conversar com a secretária. Eu ouvi a secretária perguntar: "Faz quanto tempo que você está vendendo Mary Kay?". A terapeuta respondeu: "Seis meses".

Aturdida, a secretária disse: "Seis meses! Só isso? Como você ganhou dinheiro suficiente para comprar um carro novo em seis meses?". A essa altura, não pude me conter (afinal, sabem como eu sou). Baixei a caneta e interrompi: "Eu sei como ela fez isso".

As duas olharam para mim. Então prossegui: "Toda noite, ao chegar em casa, do trabalho, você revê as suas metas e risca itens da sua lista de 'coisas a fazer'. E então você pensa no que conquistou nesse dia, estabelece novas metas intermediárias e faz uma lista de coisas a fazer para o dia seguinte".

A fisioterapeuta olhou para mim e, com um tom questionador, disse: "Exatamente". Respondi: "Napoleon Hill". Ela riu, fez que sim e respondeu: "*Quem pensa enriquece!*".

Enquanto voltava a atenção para as minhas anotações, ouvi a secretária perguntar à fisioterapeuta se ela planejava vender produtos Mary Kay em tempo integral. A fisioterapeuta respondeu que sim e disse que estava a caminho de largar o emprego de fisioterapeuta dentro de mais um ano. Disse que sonhava com o dia em que poderia fazer isso.

Se olharmos para essa história, vemos a neuroplasticidade em ação. A fisioterapeuta está focando seus pensamentos na meta e construindo as redes neuronais necessárias para alcançá-la por meio do pensamento focado e repetitivo que criará uma força do hábito dentro dela.

Mas isso inclui também os seis passos de Napoleon Hill. Esses seis passos funcionam porque empregam a neuroplasticidade para tomar o controle da mente por meio da "disciplina mental".

Dizia ele: "A vida toda os homens buscam poder e fama, sem obter nenhum, porque não reconhecem que a verdadeira fonte de ambos está dentro da mente deles. (...) A mente que é adequadamente disciplinada e direcionada para fins definidos é um poder irresistível que não reconhece como realidade a derrota permanente. (...) E o homem que se domina pela autodisciplina jamais pode ser dominado pelos outros. (...) Ela (a disciplina mental) é o único meio pelo qual a mente pode se focar num propósito maior definido até que o poder da força do hábito domine tudo".*

Portanto, Napoleon Hill nos disse para usarmos o pensamento para tomar o controle da nossa mente e fazer uso da força cósmica do hábito, o termo que ele tinha para o que hoje chamamos neuroplasticidade. Ela provê os recursos pelos quais podemos criar nosso Éden aqui na Terra.

Levou mais de 75 anos, mas a ciência está nos dizendo para fazer exatamente a mesma coisa. Não está na hora de escutar?

J. B. Hill

---

* *Master Key to Riches* (A chave-mestra das riquezas), p. 239.

TREINE O SEU CÉREBRO COMO VOCÊ TREINA SEUS MÚSCULOS

No final das contas, plasticidade significa que podemos moldar nosso cérebro a partir daquilo que colocamos como foco e objetivo. É como um treino para a sua memória, pensamentos. É tipo uma hipertrofia cerebral, isso mesmo. E isso também nos leva a uma verdade importante: nossa mente pode aprender tudo aquilo em que estivermos dispostos a empregar energia e atenção. É sobre treino e repetição. É possível, é comprovável, e a ciência já provou isso diversas vezes.

A neuroplasticidade cerebral foi a razão principal que fez com que eu passasse de um aluno abaixo da média na escola, que não gostava de ler, a um dos melhores alunos da faculdade e, hoje, um leitor voraz e de alta performance.

Nos últimos quinze anos, li, em média, seis livros por mês, de maneira sistemática e contínua. E levo isso a sério da mesma maneira que levei minha carreira de nadador. Talvez você esteja se perguntando: "Será que ele se lembra de tudo?". Tudo, não, óbvio que não. Mas depois que entendi que não precisava lembrar tudo, apenas o que era importante para mim, um mundo novo se abriu. E logo em seguida aprendi uma técnica que quero compartilhar com você.

Essa técnica me tornou capaz de ler seis livros em um mês, lembrar o tema, as citações, o ano, a editora. Quem me conhece sabe que sou desse jeito. De um garoto que odiava ler, tornei-me um leitor de alta performance. Antes de mostrar em detalhes como uso a neuroplasticidade nos estudos, quero compartilhar como foi essa grande mudança de chave.

Era junho de 2007, e eu estava em um evento de desenvolvimento humano, uma palestra na minha cidade natal, Santos. Uma palestrante, diante de um público de aproximadamente trezentas pessoas, afirmou que conseguiria decorar quarenta nomes de alimentos mencionados pelas pessoas da plateia. E assim ela o fez. Andou de mesa em mesa, pedindo para os participantes citarem um alimento. Tomate, salmão, batata, cuscuz... vários foram os nomes. Logo em seguida, ela repetiu todos em ordem sequencial sem errar absolutamente nenhum. Aquilo me deixou inquieto e impressionado, mas eu sabia que existia ali uma mente treinada. Ela não tinha nenhuma faculdade mental diferente da minha, exceto uma técnica e treino.

Ao final, a palestrante convidou algumas pessoas para um curso de leitura dinâmica. Comprei e fiz o curso. E foi lá que descobri o mundo profundo da neuroplasticidade. Eu já sabia treinar meus músculos, agora queria treinar meu cérebro. E foi assim que começou a minha jornada. Aprendi e aplico até hoje os fundamentos que me garantem performance nos estudos.

Com muita vontade e foco, logo me deparei com duas pesquisas sobre memória e aprendizado: a Teoria da Curva do Esquecimento e Retenção de Ebbinghaus, e a Pirâmide de Aprendizagem de William Glasser.

Hermann Ebbinghaus, psicólogo alemão, foi o primeiro autor na psicologia a desenvolver testes de inteligência. Sua pesquisa foi importante para mim, pois me mostrou algo simples e objetivo de entender: tudo aquilo que eu estudasse e não revisitasse seria esquecido em até 21 dias. E foi exatamente assim que estudei a vida toda, sem revisitação, sem um método, sem um plano. Os estudos de Ebbinghaus foram tão importantes que serviram de influência para Ivan Pavlov e Edward Thorndike, autores conhecidos no estudo do condicionamento clássico e operante.

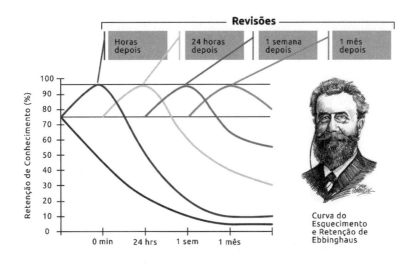

Curva do Esquecimento e Retenção de Ebbinghaus

Outra grande teoria, e a que mais influenciou na minha neuroplasticidade, foi a Pirâmide de Aprendizagem, conhecida também como Cone de Aprendizagem. Basicamente, ela mostra que retemos apenas 10% do que lemos, e isso vai aumentando à medida que vamos aplicando o conhecimento adquirido. Quando li que se eu aplicasse e explicasse o que tinha encontrado no livro isso me traria 90% de performance, agi imediatamente.

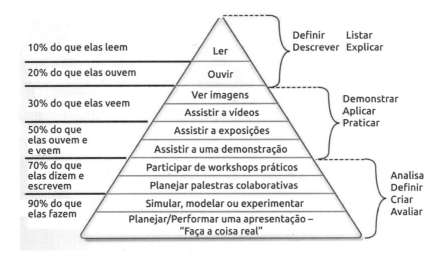

Vou mostrar a você exatamente como faço. Esta metodologia é responsável por eu ler seis livros por mês e não me esquecer de todos os pontos importantes e principais. É uma técnica poderosa e deve ser aplicada por você imediatamente.

Essa metodologia é dividida em seis partes:

1. Escolha o livro que você quer ou precisa estudar no momento. Evite ler apenas por indicação de alguém, de maneira desconexa. Busque pelo assunto que irá resolver uma necessidade específica no momento. Se precisa aprender como investir melhor o seu dinheiro, um livro sobre culinária não fará o menor sentido, não é?
2. Crie uma rotina de leitura. Leve isso a sério, é seu momento de estudo. Você poderá ler dez, vinte, trinta minutos por dia. Você escolhe. Não coloque como meta ler determinado número de páginas, mas sim uma leitura de qualidade com o entendimento do capítulo. Por isso, metas de tempo são melhores. Você pode fragmentar em três etapas de dez minutos, caso, por exemplo, queira ler trinta minutos por dia. O mais importante é executar seu plano.
3. Grife todas as partes que considerou importantes. Quando grifamos algo, é porque naquele instante a mensagem nos pegou de jeito. E é ali que moram as mudanças da nossa vida.
4. Pegue os trechos que você grifou e coloque-os no papel, ou seja, passe a limpo. Tenha um caderno próprio para isso. Você também pode anotar no bloco de notas do seu celular; frequentemente faço isso.
5. Coloque em prática os pontos-chave que você anotou. Faça isso em até 24 horas para tarefas mais simples e em até uma semana para tarefas mais complexas. Por que esse prazo? Por

causa da curva do esquecimento. Você deverá aplicar o conhecimento obtido em no máximo sete dias, se não quiser esquecê-lo. E sei que você não quer.

6. Explique para alguém os resultados do que você colocou em ação. É nesse momento que se encontram as maiores retenções de conhecimento, na explicação. Conte em detalhes, não deixe passar nada. Mostre o livro, o que fez, os resultados, os aprendizados e suas conclusões. Reúna um amigo ou colega de trabalho para fazer isso e discuta os pontos principais do livro.

Esses seis itens farão total e absoluta diferença na sua vida e nos seus resultados, assim como fizeram na minha.

FÓRMULA MÁGICA

Uma nova abordagem do estudo da psicologia criativa que permite ao aluno dar passos largos rumo ao desenvolvimento pessoal.

por Ben Sweetland

Psicólogo consultor em rádio

> Ben Sweetland é o autor que contribuiu com os textos 1 a 14 que aparecem em *Padrões de alta performance*. Originalmente, eles foram impressos como um livrinho dentro do *Magic Formula* (Fórmula mágica), de 1950.
>
> Em seu auge, Ben Sweetland era um psicólogo consultor em uma rádio. É o autor dos livros motivacionais *I will* (Vou conseguir) e *I can* (Eu posso), bem como da coluna "The Marriage Clinic" (A clínica do casamento).
>
> Como palestrante famoso, Sweetland afirmava que "95% de todos os problemas humanos vêm de uma mente negativa". Seu objetivo era educar o público para o controle da mente subconsciente.
>
> Hoje suas técnicas não apenas instruem o leitor, mas também ensinam a prática antes da teoria. Em *Magic formula* (Fórmula mágica), o autor começa o Texto n. 1 dizendo aos leitores que eles terão resultados imediatos. Para Sweetland, o aspecto importante é demonstrar que você pode e vai obter resultados imediatos! Tente e veja por si mesmo!

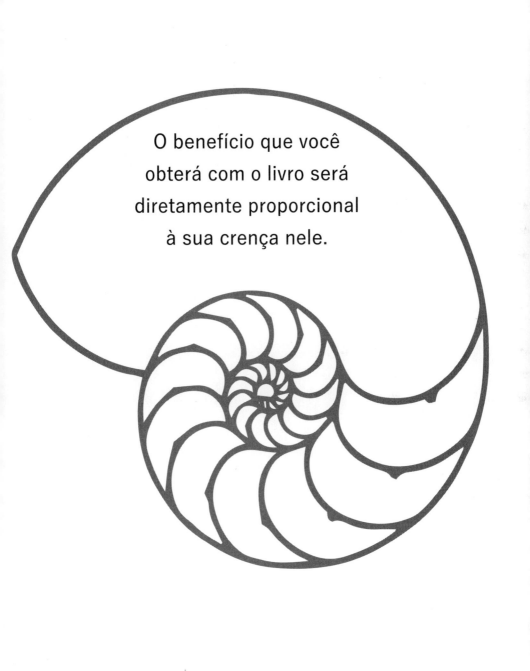
O benefício que você obterá com o livro será diretamente proporcional à sua crença nele.

Texto n. 1

DETERMINAÇÃO

Visto que a Fórmula Mágica é algo incomum, começarei o primeiro texto sendo incomum; mais bem descrito pelo velho ditado "**colocando o carro na frente dos bois**". Sim, é literalmente isso que vou fazer. É a prática mais comum, em toda forma de instrução, começar primeiro explicando os princípios, e seguir com a sua aplicação. Claro que esse método tem o seu mérito. Você é ensinado sobre por que faz certas coisas antes de aprender a fazê-las.

Você está lendo este livro por apenas um motivo, que é obter resultados, certo? Bem, não seria legal se pudéssemos começar a obtê-los desde este primeiro texto em diante – em vez de avançar por várias lições preliminares antes de começar a aprender a aplicação dos princípios?

Haveria muito poucos televisores sendo adquiridos se fosse necessário completar um curso de eletrônica antes de tentar apertar o botão que faz surgir a imagem; entretanto, a pessoa leiga ficaria atônita se soubesse quais são as forças com as quais está lidando quando aperta o botão da televisão.

Consigo pensar em apenas um inconveniente relativo ao plano de **ação imediata** que estou adotando. A pessoa mais cética terá dificuldade de acreditar que os princípios simples delineados possam ser eficientes. Mas correrei esse risco em favor daqueles que querem ver as coisas acontecendo **agora mesmo**. E caso os céticos aceitem deixar de lado suas dúvidas por apenas uma semana e sigam as sugestões dadas, o ceticismo deles será substituído pelo entusiasmo.

Não estou desmerecendo o indivíduo que é cético. Neste nosso tempo, ficamos tão acostumados à maneira descuidada com que se fazem promessas que isso põe à prova a nossa credulidade quando ouvimos promessas como as minhas em relação à **Fórmula Mágica**.

Talvez fosse uma boa ideia adotar a atitude de "mostre-me", tão pertinente nos dias de hoje. Apenas declare a si mesmo que você seguirá fielmente as regras explicadas – e "espero que seja bom".

Muito bem. Agora que nos entendemos, vamos trabalhar. Sete passos definidos serão delineados neste texto, cada um estranhamente simples, mas muito eficiente. E, visto que são todos inter-relacionados, não negligencie nenhum deles.

Sugiro que você leia um passo, pare um pouco e pense nele antes de seguir para o seguinte. Talvez seja interessante reler. Depois comece a agir. Insira o passo na sua vida. E antes de começar o passo número 1, certifique-se de estar numa situação em que você possa lhe dar toda a sua atenção. Se você tem qualquer outra coisa na cabeça – uma tarefa que deve executar –, faça, para que a sua mente não fique mais borboleteando de uma coisa para a outra. Fique confortável. Sente-se em sua cadeira preferida e coloque-a num local de boa iluminação. Não se esqueça de ter um lápis apontado por perto, e **não tenha medo de fazer anotações**. As margens largas foram providenciadas para esse propósito, então pode usá-las.

E agora... você está pronto?

PASSO 1. Por que você está lendo este livro? Para o desenvolvimento pessoal, claro. Você quer fazer da sua vida um sucesso. E, ao usar a palavra sucesso, você se refere a ele na forma mais ampla: sucesso no emprego ou nos negócios, sucesso em casa, sucesso em construir uma personalidade poderosa, sucesso em adquirir e manter a saúde perfeita.

Pois bem, depois de alcançar esse sucesso, ele não será algo que você comprou. Não será algo que embrulhei num pacote e lhe mandei, como um quilo de linguiça. **O sucesso será seu porque você o desenvolveu**. Você mesmo fez as coisas necessárias para atrair o sucesso até você. De fato, esse é o único jeito de desejarmos o sucesso. Se o sucesso pudesse ser adquirido nas prateleiras das lojas, teria pouco ou nenhum significado para nós. Quem tem um hobby se engaja em fazer certas coisas pela emoção de criar algo que não existia antes. Ao concluir um projeto, ele se construiu lá dentro. Isso se torna parte dele.

O sucesso **será** seu, e ele vai ser, porque será algo que **você mesmo fez**. Isso nos leva ao primeiro passo que vamos dar, que é a **determinação** de fazer deste aprendizado a maior empreitada que você já conduziu. Não tenha medo. Isso não significa que você está se metendo num entediante período de trabalho árduo. Pelo contrário, você terá a sensação de que está começando a jornada mais empolgante da sua vida. Já montou um quebra-cabeça? Inicialmente, você vê uma massa de pedaços de formatos irregulares que parecem uma confusão, mas está determinado a juntar as peças. Você olha para os muitos segmentos, e cada vez que encontra uma peça que encaixa na figura, uma sensação de alegria o invade. No momento em que você declarar definitivamente para si mesmo que não deixará pedra sobre pedra para obter o máximo de benefícios aqui, olhará para todas as fases da vida como uma experiência interessante. E conforme receber a chave para cada um dos problemas da vida, descobrirá que a vida é mais fascinante do que qualquer jogo que poderia imaginar.

Então, antes de prosseguir para o passo seguinte, pare e reflita sobre este. Apenas perceba que você nunca esteve tão determinado em relação a mais nada em toda a sua vida. Eu lhe disse que você obteria resultados imediatos. Se você parasse, agora, e seguisse literalmente este passo, o benefício que obteria valeria cem vezes mais do que o preço que pagou pelo livro – e você está apenas começando. Em última análise, as pessoas que são bem-sucedidas **o são** porque **se determinaram a ser bem-sucedidas**.

PASSO 2. Você se determinou a ser um sucesso! Agora olhe ao redor, contemplando a primeira coisa a ser feita rumo à sua meta. Se um carpinteiro fosse contratado para construir alguma coisa, e diante dele estivesse sua caixa de ferramentas, ele saberia, sem dúvida ou hesitação, que tinha diante de si os recursos que lhe permitiriam concluir sua incumbência. Essa é a atitude que quero que você tome como referência para a FÓRMULA MÁGICA. Quero que você saiba – sem dúvida – que tem o que é necessário para obter sucesso e felicidade. O benefício que você receberá aqui será diretamente proporcional à sua crença nele. Se você abordar cada texto com dúvida, poderá até se beneficiar um pouco, mas nada em comparação ao que pode obter de outra maneira. Até agora você observou, tenho certeza, que toda afirmação feita é com o intuito de apelar para o seu raciocínio. Isso continuará assim ao longo destas páginas. Portanto, como segundo passo, tenha consciência de que você agora tem a chave com a qual poderá abrir a porta da riqueza. Junto da determinação que você adquiriu, isso lhe permitirá começar a trilhar o caminho **agora mesmo**!

PASSO 3. Caso ainda não saiba, antes de terminar esta leitura, você terá aprendido que todas as nossas ações são controladas pelos nossos pensamentos; a mente domina a matéria, se quiser expressar nestes termos. E para a mente que raciocina, isso faz sentido. Você não faz alguma coisa e apenas depois resolve fazer, certo? Não, a decisão, ou o pensar, vem primeiro.

Voltando à afirmação feita no início, de que começaríamos com a aplicação dos princípios, em vez de apenas explicá-los, lhe direi agora o que quero que você faça com relação ao seu pensamento, e posteriormente lhe direi por quê. Lembre-se de que estamos trabalhando num esquema de resultados imediatos. Portanto, aqui está o terceiro passo. Devagar e com atenção, repita para si mesmo o seguinte:

> **❝** Deste momento em diante, eu controlarei os meus pensamentos. Eu me protegerei de pensamentos ligados a fracasso, tristeza, depressão, pobreza, doença etc. Eu evitarei conversas que tratem de assuntos de natureza negativa ou desencorajadora. Eu ajudarei os outros, o máximo que puder, a terem um estado de espírito positivo, sabendo que isso me forçará a dar um bom exemplo, o que, por sua vez, se provará um benefício certo para mim."

Seria aconselhável ler esse trecho duas ou três vezes. E antes de seguir para o próximo passo, pense nesse por alguns instantes, depois revise na sua mente os três passos dados até agora.

Você já não se sente melhor? Não sente que está prestes a ter uma experiência empolgante? Falando mais amplamente, não consegue sentir que está entrando numa vida nova e gloriosa?

PASSO 4. Por um instante, imagine alguém que nunca viajou, que nunca pisou fora da comunidade em que vive. Ele ficou bem desencorajado, vendo sempre as mesmas casas, os mesmos rostos, as mesmas atividades. Subitamente, tem a oportunidade de fazer uma grande viagem; uma viagem que lhe renderá experiências maravilhosas, e, claro, toda a viagem será de primeira classe, e ele ficará apenas nos melhores resorts e hotéis. A sensação de tédio dele vai embora no mesmo instante. Em vez de ficar infeliz com o que já tem, a mente dele está ocupada com as alegrias que serão vivenciadas num futuro próximo.

Essa é a sensação que quero que você tenha com relação às suas circunstâncias como elas são agora, no presente. Em vez de manter qualquer sensação de **autopiedade**, concentre os seus pensamentos no futuro novo e glorioso que está sendo feito agora mesmo.

Na verdade, quanto mais humildes forem as suas circunstâncias agora, maior será a felicidade que está esperando por você, devido ao contraste.

Portanto, a essência do PASSO 4 é que você aceitará – com gratidão – as suas circunstâncias do presente, quaisquer que sejam, como a fundação ideal sobre a qual construir.

PASSO 5. Este é o passo que necessitará de um pouco de autodisciplina para você evitar a descrença; mas lembre-se de que você prometeu que não seria cético. Quero que comece a sonhar acordado. Sim, isso mesmo. Quero que comece a imaginar o tipo de vida que gostaria de ter. Você aceitou a ideia de que está agora começando uma nova e empolgante jornada, mas para onde? Boa pergunta. É preciso saber aonde vamos. E não é muito prático, para mim, lhe dar sugestões, porque cada indivíduo tem objetivos diferentes na vida; você concorda com isso, tenho certeza!

Você já aprendeu que toda ação é precedida por um pensamento. O homem que foi a muitos lugares é alguém que, inicialmente, visualizou-se indo a tais lugares. Chame de sonhar acordado, se preferir, mas permita-me lhe contar, neste ponto, que há dois modos de sonhar acordado: aquele que é apoiado pela ação e aquele que vai se dissolvendo até não ser mais nada. Contudo, aqui você está seguro ao sonhar acordado, pois no PASSO 2 você resolveu, por meio da **determinação**, fazer deste passo o mais importante da sua vida; então, com tal resolução, seu sonhar acordado será apoiado por ação definida.

Portanto, visualize a vida que você tem pela frente como quer que ela seja. Pense nas coisas materiais que você deseja muito: dinheiro, casa, roupas etc. Imagine o tipo de emprego ou o tipo de negócio que gostaria de ter. Pense nas mudanças que teria que fazer fisicamente, como **cuidar da saúde, dominar os próprios padrões, superar a timidez, os complexos e as fobias**. Visualize essa nova vida – não como alguém que está desejando essas mudanças, mas como quem está **realmente vendo** as coisas – mentalmente – que estão chegando à sua vida. Sim, esse passo é o primeiro rumo à manifestação. Nos próximos textos, você aprenderá **por que** atrai essas coisas para si.

Devo insistir que você pense grande. Na manifestação, você jamais se erguerá acima da sua consciência. Se só pensa em coisas pequenas, isso será tudo que vai conseguir.

Neste ponto, talvez seja bom rever o **Passo 2**, que tem a ver com a sua determinação. Você pode, então, perguntar a si mesmo: "Quão forte é a minha determinação?". Se puder sustentar a sua imaginação com uma determinação invencível, nada no mundo poderá impedi-lo. O céu será o seu limite.

PASSO 6. Este passo levará uma semana inteira. Entretanto, será uma semana gloriosa. Ao terminar este passo – e o último, que virá em seguida –, deixe o texto de lado pelo resto do dia. Não o leia de novo hoje, apenas reflita sobre o que você leu. Procure lembrar-se, o tanto que puder, de todos os sete passos dados – e especialmente de seu significado. Amanhã, quero que você pegue seu texto e reveja o Passo 1, **somente**. Pense nele ao longo do dia – e faça isso com uma sensação de grande felicidade.

No dia seguinte, releia o Passo 1 e o também o Passo 2, e passe o resto do dia **aplicando** os pensamentos que eles contêm. No terceiro dia, reveja os Passos 1, 2 e 3, e os mantenha em mente ao longo do dia. A cada dia seguinte, comece com o Passo 1 e vá acrescentando mais um passo, até chegar ao dia em que tiver revisto todos os sete passos. Isso levará uma semana, e, a essa altura, você terá estabelecido a base para este aprendizado, e será impossível enxergar qualquer coisa além de uma vida empolgante à sua frente.

Ao rever cada passo, pergunte-se: "Eu fiz jus a esse?". Se houver alguma dúvida com relação a isso, reveja o passo duvidoso mais vezes, até que todas as dúvidas tenham desaparecido.

PASSO 7. Nada fica parado. Vai para a frente ou para trás. Sendo isso verdade, cada vez que você se permite passar um dia sem fazer algum progresso, está patinando. Então, que este passo final seja a sua resolução de recusar-se a permitir que passe um dia sequer sem ver progresso. Até mesmo o menor movimento é melhor do que movimento nenhum – portanto, conforme o dia for chegando ao fim, certifique-se de que poderá olhar para trás e ver algum progresso.

O lema "todos os dias eu estou no meu caminho" é algo que quero que tenha grande significado para você. Enquadre-o e pregue na parede para que esteja presente como um lembrete agradável quando começar o seu dia. Que ele o lembre dos passos que você dará durante o dia rumo ao desenvolvimento pessoal. Cada vez que fizer algo que lhe agrade, com um sentimento de alegria, repita para si mesmo: "Todos os dias eu estou no meu caminho". E fale de coração!

Preciso perguntar se a promessa contida nas primeiras linhas deste texto foi mantida? Eu lhe disse que começaríamos obtendo resultados desde o começo, trabalhando com os princípios primeiro e aprendendo os motivos depois.

Se você levou o texto a sério, e tenho certeza de que sim, já se beneficiou imensuravelmente do que leu. O sucesso nada mais é do que uma atitude – um estado de espírito. O homem que alcança sucesso é aquele que, primeiro, pensou em termos de sucesso. Você já adquiriu uma atitude de sucesso. Está começando a se ver como um sucesso e perceberá que, de agora em diante, começarão a acontecer coisas a seu favor.

Espero não ter transmitido a impressão de que, pelo uso da **Fórmula Mágica**, você só precisa mover um dedo e coisas grandiosas acontecem. Você terá que trabalhar por tudo que algum dia vier a ganhar nesta vida, e é uma bênção que isso seja verdade. Você trabalhará mesmo sendo ou não um sucesso – e conforme for subindo cada vez mais alto rumo ao sucesso, descobrirá que trabalha menos ao obter um sucesso excepcional do que ao ser um fracasso.

O trabalho pode ser prazeroso ou desagradável, segundo a atitude que você tem em relação a ele. Trabalhamos bastante, e **gostamos**, quando trabalhamos com um hobby. Trabalhamos bastante, e ficamos **exaustos**, quando fazemos algo que não dá lucro ou não nos agrada.

Portanto, meu caro leitor, este livro não acabará com a necessidade de trabalhar, mas, de agora em diante, tudo que você fizer o fará feliz, porque você sabe que se trata de mais um passo rumo ao seu objetivo. Será algo **progressivo**.

A esta altura, você deve estar mais entusiasmado do que esteve em muito, muito tempo. Você finalmente encontrou um plano para ter uma vida de sucesso que pode aceitar, que parece razoável. Provavelmente, com o seu entusiasmo, você chega a ter vontade de gritar essas verdades de cima dos telhados – para que todos possam beneficiar-se delas. Isso é maravilhoso, e indica que você ganhará o máximo benefício da Fórmula Mágica. Porém, pelo menos no começo, sugiro que evite discutir os princípios com qualquer um que não tenha empatia por você. As pessoas que não têm familiaridade com os grandes poderes da mente podem ser muito críticas com qualquer um que tente se desenvolver entendendo a psicologia criativa. Se você tem a sorte de morar com alguém que é igualmente interessado no desenvolvimento pessoal, vocês dois se beneficiariam ao discutir os diversos passos.

Agora você já tem o Texto n. 1, e, se não ganhou mais nada além do que já tinha até aqui, tenho certeza de que ainda assim sentirá que foi um dos melhores investimentos que já fez na vida. Contudo, você está só começando. Cada texto subsequente lhe abrirá novos universos de felicidade. Não fique muito ansioso com relação a assuntos futuros. Eles cuidarão de si mesmos. Quanto mais você dominar cada tratado que passar, mais benefícios vai obter.

E como, há muitos anos, sempre encerro as minhas transmissões:
Que você tenha alegria e paz!

> **Todos os dias eu estou no meu caminho.**

A FÓRMULA É MÁGICA, MAS NÃO É UM BICHO DE SETE CABEÇAS

A fórmula é mágica, mas não é secreta, nem um bicho de sete cabeças. Conheci uma ferramenta maravilhosa e que melhorou meus resultados quando eu tinha dezoito anos. Eu era um jovem nadador, e meus tempos eram muito promissores para a época. Em um campeonato naquele ano, atingi uma marca muito importante para minha carreira: completei a prova de cinquenta metros nado livre em 22 segundos. Poucos nadadores no Brasil eram capazes daquele feito, e menos ainda com apenas dezoito anos. Eu fui um deles.

Essa marca me colocou entre os melhores atletas do país em todas as categorias, foi incrível. Alguns meses depois, eu estava treinando para o Campeonato Brasileiro e meu treinador pediu que eu fizesse trinta treinos de virada, que é um dos principais fundamentos para um nadador. E aconteceu algo inesperado naquele dia – errei todas as trinta. No outro dia, ele pediu mais vinte, e errei todas as vinte viradas. Em apenas dois dias, eu havia errado cinquenta vezes um fundamento que eu fazia bem e que era determinante para a minha performance. E foi ali que conheci o maior de todos os rivais de um ser humano: a dúvida.

Por muitos dias, minha cabeça entrou em parafuso. Eu já não sabia mais se era um excelente nadador, pois tinha errado cinquenta vezes um dos principais elementos da minha performance nas piscinas. Eu tentava de todas as formas, e mesmo assim, errava. A única maneira que eu tinha para resgatar a autoconfiança, que naquele momento estava indo por água abaixo, era lembrar-me da minha prova de 22 segundos.

No outro dia, voltei para a piscina e fui treinar novamente as minhas viradas. Naquele dia eram apenas doze. Eu me aproximei da borda da piscina e, antes de acelerar em velocidade máxima, disse a mim mesmo: "Joel, você sabe fazer uma excelente virada, porque, se não soubesse, jamais teria feito 22 segundos nos cinquenta livre. Concentre-se e faça agora uma virada rápida".

Abri os olhos e acelerei. Resultado, acertei a virada. Repeti as mesmas palavras dentro da minha cabeça e acelerei para mais uma virada. Resultado, acertei. E assim eu fiz até a última. Aprendi uma coisa muito importante. Todos nós podemos mudar instantaneamente o nosso estado emocional, a qualquer momento somos capazes de sair de um sentimento de impotência para outro de potência. Como? Com apenas três ferramentas simples:

1. Utilização das palavras certas.
2. Foco.
3. Mudança de estado fisiológico.

Essas três ferramentas são simples e poderosas e farão por você muito mais do que você pode imaginar. Experimente. Quando estiver em um momento de dificuldade, e as coisas parecerem que não estão dando certo, mude seu estado fisiológico (entenda isso como a posição do seu corpo), coloque seu foco no que você quer e diga palavras positivas. É instantâneo, imediato, como um passe de mágica citado nesse capítulo que você acabou de ler. Funciona!

A fórmula mágica, em outras palavras, é a mente mágica. São os pensamentos mágicos. Atualmente existem diversos livros publicados sobre mentalidade e o poder dos pensamentos. Muitos deles incentivados e inspirados pelas obras de Napoleon Hill. A ciência já comprovou que a mente é capaz de curar doenças, como também de provocá-las. E aprendi que o ponto inicial de todas as coisas é o pensamento. É como diz o mestre Napoleon Hill: "As coisas acontecem duas vezes, uma vez na nossa mente, e a outra no campo material".

Você chegou até aqui, neste trecho do livro, e muito provavelmente já está convencido de que os pensamentos guiam os nossos atos. Mas talvez tenha esta mesma dúvida que carreguei durante anos: "E como controlar esses pensamentos de maneira voluntária, consciente, intencional?".

Saber disso na hora errada não fará muito por nós. Temos que ter o domínio dos nossos pensamentos, consequentemente, dos nossos resultados, na hora H, não depois. Sempre pensei nisso. Sempre me perguntei: "E como?".

Hoje consegui essa resposta e quero compartilhá-la com você. A melhor maneira para lembrar-se de algo é fazer com que o ambiente o lembre para você. Chamo isso de Princípio da Inevitabilidade.

É mais fácil lembrar de se hidratar se tiver uma garrafa de água sempre por perto ou o se bebedouro estiver próximo.

É mais provável que você leia o livro se ele estiver na sua cabeceira, ou na mesa de trabalho, ou na mochila, ou no aplicativo do seu celular.

Do mesmo modo, o contrário também é eficaz, pois é mais fácil evitar o consumo de refrigerante se ele não estiver na sua geladeira.

Faça com que o ambiente seja o seu próprio treinador. Faça com que o ambiente seja seu próprio lembrete. Facilite os bons padrões e dificulte os padrões ruins.

Vou compartilhar um *checklist* fácil e prático para você criar o Princípio da Inevitabilidade na sua vida e fazer com que o ambiente o ajude a treinar. Todos nós temos rotinas diárias e raramente precisamos pensar sobre elas.

Pense sobre:

1. O que você pode fazer imediatamente após se levantar da cama.
2. O que você pode fazer imediatamente após escovar os dentes.
3. E após tomar banho.

4. E após tomar o café da manhã.
5. E após ler as notícias em blogs, sites, jornais.
6. E após dar um beijo em alguém da sua família.

A lista é infinita, e o conceito é o mesmo. Faça o ambiente trabalhar a seu favor.

Em 2006, conheci um texto, aliás, uma filosofia para o sucesso. Fui orientado, durante três dias, a lê-lo três vezes ao dia. Existia uma fórmula mágica apresentada a mim nesse texto, indicando que algum objetivo ardente iria se concretizar em pouco tempo. E isso aconteceu. Em cinco dias, conquistei algo profissional que desejava havia alguns anos. A leitura desse texto, a partir de então, se tornou um instrumento de trabalho. Vou compartilhá-lo aqui com você. Minha sugestão é que você o leia três vezes ao dia, durante noventa dias. Assim você irá experimentar resultados incríveis na sua vida.

A Filosofia do Sucesso

Se você pensa que é um derrotado,
você será derrotado.
Se não pensar "quero a qualquer custo!"
Não conseguirá nada.
Mesmo que você queira vencer,
mas pensa que não vai conseguir,
a vitória não sorrirá para você.

Se você fizer as coisas pela metade,
você será fracassado.
Nós descobrimos neste mundo
que o sucesso começa pela intenção da gente
e tudo se determina pelo nosso espírito.

Se você pensa que é um malogrado,
você se torna como tal.
Se almeja atingir uma posição mais elevada,
deve, antes de obter a vitória,
dotar-se da convicção de que
conseguirá infalivelmente.

A luta pela vida nem sempre é vantajosa
aos fortes ou aos espertos.
Mais cedo ou mais tarde, quem cativa a vitória
é aquele que crê plenamente
Eu conseguirei!

Napoleon Hill

Padrão Habitual n. 1: prática
Como praticar a autossugestão consciente

por Emile Coué

Toda manhã, antes de se levantar, e toda noite, assim que estiver na cama, feche os olhos e repita vinte vezes seguidas, movendo os lábios (isso é indispensável) e contando mecanicamente, numa longa fileira com vinte nós, a seguinte frase: "Dia após dia, em todos os aspectos, estou melhorando mais e mais". Não pense em nada específico, visto que as palavras "em todos os aspectos" se aplicam a tudo.

Faça essa autossugestão com confiança, com fé e com a certeza de obter aquilo que você quer. Quanto maior a convicção, maiores e mais rápidos serão os resultados obtidos.

Além disso, toda vez, ao longo do dia ou da noite, que você sentir qualquer sofrimento físico ou mental, imediatamente *afirme para si mesmo* que você não contribuirá conscientemente para isso, e que vai fazê-lo desaparecer; em seguida, passando a mão na testa, se for algo mental, ou sobre a parte que está doendo, se for algo físico, repita *muito rapidamente*, movendo os lábios, as palavras: "Vai passar, vai passar...", o quanto for necessário. Com um pouco de prática, o incômodo terá desaparecido dentro de 20 a 25 segundos. Repita sempre que for necessário. Evite, com cautela, esforçar-se demais ao praticar a autossugestão.

Trechos adicionais:

Autossugestão – Implantar uma ideia, você mesmo, em si mesmo.

Quando a vontade e a imaginação são antagonistas, é sempre a imaginação que vence – *sem exceção*.

É impossível pensar em duas coisas ao mesmo tempo, ou seja, duas ideias podem estar em justaposição, mas não podem ser sobrepostas na nossa mente.

> **"** Todo pensamento que preenche a nossa mente se torna real para nós e tende a se transformar em ação."

Qual conclusão podemos tirar disso tudo?

A conclusão é muito simples e pode ser expressa em poucas palavras: temos uma força de poder incalculável, e lidar com ela inconscientemente é prejudicial para nós. No entanto, se a direcionarmos de maneira consciente e sábia, ela nos dará o domínio sobre nós mesmos e nos permitirá escapar, bem como ajudar os outros a escapar, do sofrimento físico e mental, além de viver em relativa felicidade, sejam quais forem as condições em que nos encontrarmos.

Finalmente, e acima de tudo, isso deve ser aplicado à regeneração moral daqueles que saíram do caminho correto.

Fonte: Emile Coué, *Self Mastery Through Conscious Autosuggestion*. American Library Service. 1922. Orelha e trechos adicionais.

Padrão Habitual n. 2: prática
Fórmula da autoconfiança

por Napoleon Hill

1. Eu sei que tenho a habilidade de alcançar o objetivo do meu propósito definido na vida; portanto, *exijo* de mim mesmo ação persistente e contínua rumo à sua obtenção, e aqui e agora prometo executar tal ação.
2. Eu entendo que os pensamentos dominantes da minha mente acabarão por reproduzir-se em ação exterior, física, e gradualmente se transformar em realidade física; portanto, concentrarei meu pensamento, por trinta minutos, diariamente, na tarefa de pensar na pessoa que pretendo me tornar, criando assim, na minha mente, uma imagem mental nítida.
3. Sei que pelo princípio da autossugestão qualquer desejo que eu mantenha com persistência na minha mente acabará buscando expressão via algum meio prático de obter o objeto por trás dele; portanto, devotarei dez minutos, diariamente, para exigir de mim o desenvolvimento da minha *autoconfiança*.
4. Eu escrevi uma descrição nítida do meu *objetivo principal definido* na vida, e nunca vou parar de tentar até que tenha desenvolvido autoconfiança suficiente para obtê-lo.
5. Eu entendo totalmente que nenhuma riqueza ou posição pode durar a menos que tenha sido construída sobre verdade e justiça; portanto, não me envolverei em transação alguma que não beneficie a todos os envolvidos. Terei sucesso atraindo para mim as forças que desejo usar e a cooperação de outras pessoas. Induzirei os outros a me servirem por causa da minha dispo-

nibilidade de servir os outros. Eliminarei ódio, inveja, ciúme, egoísmo e cinismo, desenvolvendo amor por toda a humanidade, porque sei que uma atitude negativa em relação aos outros jamais poderá me trazer sucesso. Farei com que os outros acreditem em mim, porque acreditarei neles e em mim mesmo. Assinarei meu nome nesta fórmula, que vou guardar na memória e repetir em voz alta uma vez ao dia, com fé total de que ela, aos poucos, influenciará os meus pensamentos e ações para que eu me torne uma pessoa independente e bem-sucedida.

Por trás dessa fórmula está uma lei da natureza que nenhum homem jamais foi capaz de explicar. O nome pelo qual chamam essa lei tem pouca importância. O que importa é que ela *trabalha* pela glória e pelo sucesso da humanidade quando usada de maneira construtiva. Por outro lado, se usada de maneira destrutiva, ela arruinará com a mesma facilidade. Nesta afirmação pode-se encontrar uma verdade muito significativa: aqueles que caem em derrota e terminam a vida em pobreza, miséria e aflição o fazem por causa da aplicação negativa do princípio da autossugestão. A causa pode encontrar-se no fato de que todos os impulsos de pensamento têm uma tendência de transmutar-se em seu equivalente físico.

Fonte: Napoleon Hill, *Think and Grow Rich*. Napoleon Hill. Fundação Napoleon Hill. Collector's Edition, pp. 86-87. (Edição brasileira: *Quem pensa enriquece*. Porto Alegre: Citadel, 2020.)

A verdadeira morada da inteligência não é a mente consciente, mas o interior da mente subconsciente, ou mente criativa.

Texto n. 2

VOCÊ É UMA MENTE COM UM CORPO

Antes de começar este texto, vou sugerir que o deixe de lado por apenas um momento e revise mentalmente o primeiro. Você se lembra de todos os sete passos? Se não, espere um pouco para ler este, enquanto refresca a sua memória. Quero que tenha em mente o passo relativo à determinação. Se abordar este texto com a determinação de fazê-lo ter um grande significado para você, isso vai acontecer.

Iniciei o texto anterior explicando que, para obter resultados no menor tempo possível, aplicaríamos os princípios antes de explicá-los. Agora farei uma sugestão, e levará um tempo até que você receba a explicação; mas se fizer o que digo, obterá resultados antes mesmo de entender **o que está fazendo girar as engrenagens.**

Soaria estranho se eu lhe dissesse que você não é um corpo com uma mente? Isso, claro, é verdade. Em vez disso, você é uma mente com um corpo. Para muitas pessoas, essa afirmação seria seguida por um "e daí?". Contudo, depois que todo o significado dessa verdade ficar aparente, você terá aprendido um fato muito importante.

Seu corpo é apenas um utilitário para a mente. Pense nisso por um segundo, e você começará a entender o que quero dizer. Pensar em você como sendo um corpo com uma mente seria exatamente como pensar que uma casa é dona de um homem, ou que um carro é dono do motorista.

Bem, e o que se ganha por saber essa verdade? Que diferença faz sermos uma mente com um corpo ou um corpo com uma mente? Isso faz toda a diferença no mundo. Pareceria inconcebível imaginar o seu carro às vezes ficando teimoso e virando à esquerda quando você queria ir para a direita, ou que desse a ré quando você quisesse ir para a frente. Você sabe, uma vez que tem controle total sobre o carro, que tal coisa estaria fora de cogitação.

O corpo está a seu serviço e seguirá todos os seus comandos mentais – assim que você entender que **você é uma mente com um corpo**.

Sempre que usamos um pronome pessoal, como "eu" ou "meu", não estamos nos referindo ao corpo físico. Estamos nos referindo ao nosso eu mental, ou espiritual, se você preferir pensar nele dessa forma.

Quando se refere ao seu pé como "meu pé", é disso mesmo que se trata: ele é uma posse do seu eu mental. Quando você anda, seus pés o carregam para a frente porque é vontade sua que eles façam isso. Não dá nem para imaginar uma situação em que eles se recusariam a obedecer a instruções – contanto que você não sofra de dano ou doença que afete a sua locomoção.

Sempre que você usa expressões como "não consigo fazer isso" ou "não consigo impedir isso", está admitindo que não tem controle sobre o seu físico, e que ele o comanda em vez de aceitar o seu comando.

Neste ponto, quero estabelecer um fato importante: **você é o mestre do seu ser**. Portanto, para imprimir essa verdade de modo apropriado na sua mente, declare para si mesmo: **eu sou o mestre do meu ser**. Repita isso várias vezes. Pense nisso. Saiba que é verdade. Entenda que todas as partes do seu corpo estão ao seu dispor, para fazer o que você comanda, **porque esse corpo é seu**.

NOSSAS DUAS MENTES

Você aprendeu que é uma mente com um corpo. Isso indica que a mente é singular – uma mente. É provável que seja verdade que temos uma só mente, mas, visto que ela funciona em capacidade dupla, será útil pensar nela como duas mentes, normalmente referidas como o **consciente** e o **subconsciente**.

A mente consciente é responsável por todo pensamento, raciocínio e planejamento conscientes. A mente subconsciente, que prefiro considerar como a **mente criativa**, cuida de todas as operações involuntárias do corpo: respiração, batimentos do coração, circulação do sangue, recuperação de tecido gasto, digestão etc. Nenhuma dessas operações é executada com a ajuda da mente consciente. Na verdade, a mente consciente não tem inteligência suficiente para cuidar de nenhuma dessas funções. E isso nos leva a outra verdade importante:

> **A verdadeira morada da inteligência não é a mente consciente, mas o interior da mente subconsciente, ou mente criativa!"**

Se fôssemos parar bem aqui e não mencionar mais nada acerca dos poderes da mente criativa, já teríamos indícios de que a inteligência dessa grande mente vai muito além da nossa compreensão consciente, mas isso é apenas o começo do que aprenderemos acerca do reservatório de poder e inteligência contido dentro da mente subconsciente ou mente criativa.

Você já teve um problema sem saber ao certo qual a melhor solução, e disse que dormiria com ele em mente, para resolvê-lo no dia seguinte? Notou que, no dia seguinte, seu raciocínio com relação ao problema parecia mais lógico do que na noite anterior? Sem perceber, você usou um dos princípios básicos de colocar a mente criativa para trabalhar para você.

A mente criativa tem faculdades de raciocínio independentes da mente consciente. Enquanto a mente consciente se dedica a pensamentos que seguem uma linha, a mente subconsciente, ou mente criativa, pode raciocinar por linhas de natureza totalmente diferente. E ela faz isso continuamente; às vezes, trabalhando a seu favor, mas em geral, contra você.

A mente criativa não processa novos pensamentos, mas trabalha com base nos pensamentos que estão na mente consciente. Se a mente consciente está abrigando pensamentos negativos, a mente criativa responderá com reações negativas. Felizmente, o contrário também é válido. Se a mente consciente está abrigando pensamentos positivos, você definitivamente terá reações positivas.

Neste momento, deixe de lado este texto por alguns instantes e repita consigo, pelo menos três vezes: "**Eu sou feliz**". Depois que tiver feito isso, você entenderá do que estou falando. Sua mente criativa aceitará o pensamento e começará a trabalhar nele, e logo você perceberá uma sensação de ânimo invadir seu corpo inteiro. Veja, você é uma mente com um corpo, e o seu corpo responde ao que determina sua mente consciente.

Agora, se sua mente criativa reage ao pensamento "**eu sou feliz**", ela responderá, igualmente, a todos os outros pensamentos – sejam bons ou ruins, dependendo dos pensamentos que você abriga.

Você não enfiaria uma chave inglesa nas engrenagens se soubesse que isso estragaria todo o maquinário, certo? Não creio. Bem, agora que descobriu que os pensamentos negativos criam reações negativas, saiba que, toda vez que você permite a entrada de um pensamento negativo, está literalmente enfiando uma chave inglesa nas engrenagens da sua mente. Claro que você nunca mais vai fazer isso.

Muito bem, com essa pequena explicação das duas mentes, eu lhe passarei um esquema para você seguir ao longo da próxima semana. Lembre-se de que você **não deve prosseguir** com esses textos mais rapidamente do que uma semana. Fazer isso **reduzirá** os benefícios que você pode esperar da **Fórmula Mágica**. Seria uma ideia esplêndida separar um pouco de tempo, em determinado dia, a cada semana, para começar um texto novo. Depois de ter feito isso, não permita que nada além de uma emergência tire esse tempo de você. Só isso, em si, já será um bom treino de autodisciplina.

Os resultados que você obterá com esta leitura serão tremendos. Neste ponto, será difícil para você conceber o benefício que pode entrar na sua vida como resultado de conhecer e usar a Fórmula Mágica. Você já teve resultados com o Texto n. 1, e agora seguirá os passos que lhe serão passados e obterá resultados maiores ainda com este texto.

PASSO 1. Começando esta noite, e seguindo até amanhã à noite, toda vez que pensar nisso, repita para si mesmo: "Eu aceito com alegria as minhas condições atuais, como são, para agir como fundamento sobre o qual construir. Não tenho autocomiseração por quaisquer sacrifícios que eu esteja fazendo, nem tenho inveja de quem tem mais do que eu. Sei que tenho poder e inteligência que me permitirão obter o que quero na vida, e sou grato pelo que tenho neste momento, seja algo humilde ou não".

PASSO 2. A seguinte afirmação deve ser repetida diversas vezes durante as próximas 24 horas: "Minha mente é livre de preocupações porque estou em contato direto com a fonte de poder e inteligência que me permite dissolver a causa da preocupação. Minha mente criativa me direcionará em pensamento e ação rumo à eliminação das minhas preocupações".

Ao fazer essas declarações, não as faça com um espírito autoritário e todo-poderoso; ao contrário, faça com um ar de indiferença, tão casual quanto você diria consigo: "Acho que vou tomar um copo de água". E com a mesma sensação de certeza de realização que você sentiria com relação à sua capacidade de ir pegar esse copo de água. Ao final do dia, você se surpreenderá com a nova postura que terá diante das suas preocupações. Você ficará ávido por seguir as diversas direções que aparecerão na caminhada rumo à resolução dos seus problemas.

PASSO 3. Os pensamentos que você deverá abrigar no terceiro dia são muito importantes. Não os negligencie nem um pouco. Sempre que puder, diga a si mesmo, com convicção: "Estou convencido, acima de qualquer dúvida, de que com a Fórmula Mágica estou alcançando o autodomínio. Os resultados obtidos até agora são inegáveis. Uma vida nova e gloriosa está se revelando à minha frente".

O momento mais importante para fazer suas afirmações é logo antes de ir dormir, à noite. Isso dá à sua mente criativa a oportunidade de trabalhar a noite toda para tornar reais as suas declarações. A mente criativa nunca dorme. Ela trabalha 24 horas sem parar, e, se não está trabalhando a seu favor, ela costuma trabalhar contra você. Se você vai dormir com pensamentos negativos, a mente criativa trabalhará neles. Se, por outro lado, você sabiamente implantar pensamentos positivos na sua mente criativa, será recompensado com reações positivas.

PASSO 4. Nem toda pessoa pertence ao grupo dos "desatentos", mas é fato que apenas uma pequena porcentagem das pessoas consegue concentrar-se por muito tempo num pensamento somente. Naturalmente, quanto mais você for capaz de se concentrar, maiores serão os resultados obtidos com a Fórmula Mágica. Nesse sentido, a afirmação criada para usar ao longo do quarto dia se mostrará inestimável. Toda vez que se lembrar, repita para si mesmo de maneira positiva e convicta: "Fui abençoado com grandes poderes de concentração mental. Consigo manter meus pensamentos centrados numa ideia somente, até resolver descartá-la da minha mente". É importante que, ao expressar essas afirmações, você o faça com uma sensação definida de confiança. Na verdade, nem mesmo questione a eficácia das declarações. Fazer isso seria estabelecer um conflito mental que poderá ter efeito neutralizador no benefício que pode ser obtido.

PASSO 5. Quando chegar ao quinto dia do Texto n. 2, você não terá grande necessidade da afirmação seguinte; no entanto, use-a com fé ao longo do dia e da noite, pois os resultados fortalecerão aqueles já obtidos: "A cada dia eu tenho uma ambição maior de prosseguir com as ideias novas e construtivas que estão fluindo para a consciência". Num texto posterior, você aprenderá que pensamos com base em imagens. Mesmo antes de ter chegado a esse ponto, será útil para você, enquanto segue estes passos, imaginar mentalmente a condição de que está falando. Por exemplo: com este último passo, você não consegue fechar os olhos e realmente se visualizar galgando com entusiasmo os degraus rumo ao sucesso e à felicidade?

PASSO 6. Você apreciará este passo, pois com ele chegará a um estado de tranquilidade mental mais agradável, talvez, do que qualquer outro que já tenha vivenciado. Durante um dia inteiro, toda vez que se lembrar disso, repita com uma forte sensação de alegria: "Estou em paz comigo e com o mundo. Os problemas à minha frente não mais me perturbam, pois fiz contato com minha fonte verdadeira de inteligência e poder. Sou guiado para fazer a coisa certa no momento certo". Caso aconteça alguma coisa que o perturbe, repita calmamente essa afirmação positiva, e note quão rapidamente você assume o papel de mestre.

PASSO 7. Não haverá uma afirmação específica neste, o sétimo dia. Em vez disso, sem o uso do texto impresso, revise mentalmente os diversos passos. Perceba a sensação de alegria ao rever as realizações das últimas duas semanas, e saiba que a sua nova vida de maior abundância está apenas decolando para um ótimo começo.

Não comece o Texto n. 3 antes do dia seguinte ao dia da revisão. E uma boa prática, antes de começar qualquer texto novo, é meditar alguns minutos para refletir sobre os textos anteriores, para entrar no clima para a nova lição.

Sob circunstância alguma comece um texto novo se estiver chateado ou sob estresse de qualquer tipo. Certifique-se de abordar o texto somente quando estiver confortável e **totalmente relaxado**, e sem **nada** perturbando a sua mente.

Continue fazendo anotações ao longo do processo. Há espaço suficiente para elas, e mais tarde elas se mostrarão úteis quando você revisar textos anteriores. Além de notas nas margens, vale a pena também sublinhar afirmações que causem uma impressão especial em você.

Este texto não foi estimulante? Deixe-me concluir como de costume.

Que você tenha alegria e paz!

"A cada dia eu tenho uma ambição maior de prosseguir com as ideias novas e construtivas que estão fluindo para a consciência." (Passo 5 - Texto n.2)	"Estou em paz comigo e com o mundo. Os problemas à minha frente não mais me perturbam, pois fiz contato com minha fonte verdadeira de inteligência e poder. Sou guiado para fazer a coisa certa no momento certo." (Passo 6 - Texto n. 2)
"Estou convencido, acima de qualquer dúvida, de que com a Fórmula Mágica estou alcançando o autodomínio. Os resultados obtidos até agora são inegáveis. Uma vida nova e gloriosa está se revelando à minha frente." (Passo 3 - Texto n. 2)	"Fui abençoado com grandes poderes de concentração mental. Consigo manter meus pensamentos centrados numa ideia somente, até resolver descartá-la da minha mente." (Passo 4 - Texto n. 2)
"Eu aceito com alegria as minhas condições atuais, como são, para agir como fundamento sobre o qual construir. Não tenho autocomiseração por quaisquer sacrifícios que eu esteja fazendo, nem tenho inveja de quem tem mais do que eu. Sei que tenho poder e inteligência que me permitirão obter o que quero na vida, e sou grato pelo que tenho neste momento, seja algo humilde ou não." (Passo 1 - Texto n. 2)	"Minha mente é livre de preocupações porque estou em contato direto com a fonte de poder e inteligência que me permite dissolver a causa da preocupação. Minha mente criativa me direcionará em pensamento e ação rumo à eliminação das minhas preocupações."(Passo 2 - Texto n. 2)

VOCÊ É UMA MENTE COM UM CORPO

Como parece a você ler esta frase escrita algumas páginas atrás: "Você é uma mente com um corpo"? A primeira vez que li, me pareceu estranho. Li mais algumas vezes para conseguir compreender com mais profundidade o que isso poderia representar em mim. Hoje, além de acreditar nesse conceito, eu o vivo. A alta performance, na prática, é exigida primeiramente na alma, na mente e nos pensamentos. E, sim, ela é o ponto de partida.

Eu me envolvi profundamente com a alta performance e o desenvolvimento pessoal por meio de um grande incômodo. Eu era atleta, tinha perdido um campeonato no qual representava a Seleção Brasileira, numa Copa do Mundo de natação, e logo em seguida pensei: "Preciso dominar minha mente, preciso aprender o funcionamento dos meus pensamentos, sem isso não irei atingir meu potencial máximo".

O desenvolvimento humano na minha vida veio por questão de sobrevivência, não por profissão. Muitos foram os livros, as pesquisas e o conhecimento adquirido. Aprendi sobre a mente, sobretudo a minha mente. Aprendi o poder das perguntas, e vou compartilhar com você agora algo íntimo e poderoso: as vinte perguntas que mudaram definitivamente a minha vida.

Essa é uma lista de perguntas que me faço uma ou duas vezes por ano há mais de uma década. Eu não tenho a menor dúvida de que elas mudaram a minha vida em todos os aspectos. Elas me trouxeram profundidade, encontro, essência. Hoje essa lista está completa, mas ela não nasceu assim. Ela foi se moldando durante o tempo, e agora posso compartilhar com você uma ferramenta que lhe trará a clareza necessária para que encontre todas as respostas que procura e sempre que precisar.

Antes de passar a lista, porém, um lembrete. Para que essa ferramenta funcione da maneira certa, é necessário um protocolo.

1. Reserve um tempo e local adequado para responder com calma, atenção e sinceridade às perguntas a seguir.
2. Não responda em voz alta. Escreva as perguntas e as respostas. É necessário que você se envolva cinesiologicamente com essa ferramenta. Use um caderno apenas para isso e guarde em um lugar onde você tenha acesso sempre que quiser. Se achar mais prático, use seu bloco de notas (eu uso os dois).
3. Reveja essas perguntas pelo menos duas vezes ao ano, todos os anos.
4. Compartilhe as respostas e converse sobre elas com pessoas próximas a você. Pode ser com os familiares, amigos e pessoas do trabalho. Compartilhar é fundamental.

Agora estamos prontos para as perguntas. Aqui estão elas:

1. Pelo que eu sou pago?
2. Qual a melhor maneira para eu usar meu tempo no trabalho?
3. Como meu resultado no trabalho é medido?
4. Qual é a minha atividade que gera maior impacto na minha empresa/negócio?
5. O que eu, e somente eu, posso fazer que poderá criar mudanças significativas no meu trabalho/empresa?
6. Onde estou gastando meu tempo de maneira ineficiente?
7. Como eu acho que o mundo me vê?
8. O que eu estava fazendo, sentindo e pensando quando tive o maior sucesso profissional e pessoal da minha vida?
9. Em qual atividade irei manifestar meu talento, impactarei pessoas, me sentirei completo e serei muito bem remunerado?
10. Como eu lido com a pressão?

11. O que eu faço bem, e no que as pessoas reconhecem que sou bom e gera profundo interesse em mim?
12. Qual o melhor investimento que fiz nos últimos dois anos com até cem reais?
13. Se eu pudesse deixar uma mensagem para todas as pessoas do mundo em um outdoor, que mensagem seria?
14. O que faz meu pior lado vir à tona?
15. O que faz meu melhor lado vir à tona?
16. O que mais valorizo nos negócios e na vida?
17. Como está a minha saúde hoje?
18. Se eu fosse meu próprio treinador, o que diria a mim mesmo hoje?
19. O que está fora da minha zona de conforto, mas deve ser feito para que eu atinja meus objetivos de vida?
20. O que devo pensar, como me sentir e agir quando sofrer uma frustração no trabalho e na vida?

Vinte perguntas capazes de mudar definitivamente seus resultados. Use-as sem moderação.

Padrão Habitual n. 3: sugestão
Ação para o sucesso

por Dorothea Brande

Felizmente, não é nem um pouco necessário permanecer sob o domínio de outra pessoa para fazer o nosso trabalho. A solução é muito mais simples. Tudo que você precisa para quebrar o feitiço da inércia e da frustração é isto:

Aja como se fosse impossível falhar.

Esse é o segredo, a fórmula, o comando de alerta que nos transforma de fracassados em casos de sucesso.

Fonte: Dorothea Brande, *Wake up and live!* (Acorde e viva!). Simon and Schuster, 1936, pp. 79-80.

Padrão Habitual n. 4: prática
A técnica do espelho

por Claude Bristol

Fique diante do espelho. Não precisa ser um espelho de corpo inteiro, mas deve ter tamanho suficiente para que você veja o seu corpo da cintura para cima.

Se você serviu ao Exército, sabe o que significa a posição de sentido – ficar totalmente ereto, juntar os calcanhares, encolher a barriga, estufar o peito e olhar para a frente. Agora respire fundo três ou quatro vezes, até obter uma sensação de poder, força e determinação. Em seguida, olhe bem no fundo dos seus olhos e diga a si mesmo que conseguirá aquilo que quer – fale em voz alta, para poder ver seus lábios se movendo e poder ouvir as palavras emitidas. Faça disso um ritual regular, pratique pelo menos duas vezes ao dia, de manhã e à noite, e você ficará surpreso com os resultados. Você pode incrementar essa prática escrevendo no espelho, com espuma de sabão, alguma frase ou palavra-chave, contanto que seja um incentivo para aquilo que você visualizou previamente e quer ver na realidade. Dentro de alguns dias, você terá desenvolvido um senso de confiança que nunca havia imaginado que poderia construir dentro de si.

Em pé, diante do espelho, continue dizendo a si mesmo que terá um sucesso incrível e que nada neste mundo poderá impedi-lo. Parece bobagem? Não se esqueça de que toda ideia apresentada à mente subconsciente será produzida em seu contraponto exato na vida prática, e quanto mais rápido o seu subconsciente captar a ideia, mais cedo o seu desejo se tornará uma imagem poderosa. Certamente, não é uma boa ideia contar a qualquer um quais recursos você está utilizando, pois pode acabar sendo ridicularizado por zombeteiros e ter sua autoconfiança abalada, principalmente se estiver no início do aprendizado desta ciência.

Fonte: Claude Bristol, *The Magic of Believing* (A magia de acreditar). Prentice-Hall, Inc., 1948, pp. 146-47.

Texto n. 3

IMAGENS SÃO PADRÕES

Reserve cinco minutos antes de começar este texto, e durante esse tempo faça o seguinte: fique bem confortável e entre num estado de espírito *extremamente* feliz. Revise os benefícios que já chegaram a você até agora, e saiba que isso é só o começo. Coloque uma música para tocar em seu coração, sinta-se feliz por estar vivo, e então estará pronto para começar.

Faça disso um ritual daqui em diante. Nunca comece um texto enquanto não estiver num estado de espírito favorável. **Seja feliz**! Essas serão suas palavras de alerta. Se chegar a hora de ler e você não conseguir entrar no estado de espírito certo, **ESPERE**. Entretanto, apenas pensar nesses textos lhe trará um brilho de felicidade, pois você os verá como grandes libertadores, que o livram do fracasso, da depressão, da falta de saúde.

Muito bem, passaram os cinco minutos? Você está contente? Extremamente feliz? Então vamos começar!

Nesta lição, vou colocá-lo em uma dieta. Ah, não tenha medo; não tem nada a ver com o que você come. Esta será uma dieta mental.

Você aprendeu, no primeiro texto, que os pensamentos negativos produzem reações negativas, e os pensamentos positivos produzem reações positivas.

No painel do seu carro há diversos instrumentos que o mantêm informado da quantidade de gasolina no tanque, da temperatura do motor, da condição da bateria etc. Se o medidor de gasolina indica que o combustível está acabando, você procura o primeiro posto para poder abastecer. Se o motor parece estar quente demais, você investiga a situação do radiador e dá uma olhada no reservatório de água. Você nem pensaria em continuar dirigindo, sem se preocupar, enquanto os instrumentos estivessem apontando perigo.

Eu queria que a natureza tivesse fornecido um medidor para que pudéssemos checar o pensamento, ou pelo menos algo que registrasse o tipo de pensamento, fosse negativo, fosse positivo. Se houvesse um ponteiro, por exemplo, que virasse para o **vermelho** quando os pensamentos fossem **negativos**, e girasse para o **verde** quando fossem **positivos**, mudaríamos nossos pensamentos imediatamente ao ver o ponteiro pender para o lado negativo.

Ao eliminar os pensamentos negativos, talvez valha a pena pensar um pouco nas causas dos pensamentos negativos, afinal, eles não são as causas em si, mas os **efeitos** das **causas**.

Preocupação e **medo** causam pensamentos negativos. Naturalmente, é fácil falar para parar de se preocupar e superar o medo, mas talvez você me diga que não é tão fácil conseguir um feito desses. Pois bem, por que você se preocupa? A preocupação não é nada mais, nada menos do que falta de fé em si mesmo. Você teme que possa acontecer alguma coisa e que não será forte o suficiente para lidar com a situação quando esta chegar, não é mesmo? Não, você não enxerga a preocupação desse jeito, mas pense nisso e verá que é verdade. Pois bem, embora tenha apenas começado a aprender algo sobre a psicologia criativa, já obteve resultados suficientes para se convencer de que, por meio da grande quantidade que você tem de inteligência e poder sob o seu comando – por meio da sua **mente criativa** –, você mostrará que está à altura de encarar qualquer situação. Então pense nas suas preocupações como problemas e saiba que existe uma solução para todo problema – do contrário, não seria um problema. Tenho certeza de que agora você conseguirá sorrir para essas tais preocupações sabendo, com uma sensação de orgulho, que você é muito maior do que elas, e que logo serão resolvidas. Portanto, podemos eliminar essa causa de pensamentos negativos.

A **sensação** de **inadequação** causa pensamentos negativos – muitos deles. Com esse tipo de personalidade, a pessoa pensará que os esforços dela não são produtivos; não terá confiança em sua habilidade de realizar algo que vale a pena. Portanto, a pessoa teme perder o emprego ou o negócio próprio. Esse tipo de indivíduo tem medo de tudo. Duvida de sua habilidade para conquistar ou manter o amor daqueles que tanto significam para ele. Naturalmente, com um complexo desses, é fácil ver que o seu medidor mental (vamos chamar de "medidor de pensamento") geralmente estaria com o ponteiro voltado para o lado vermelho, ou negativo. Se esse for o seu caso, **como** você vai lidar com isso? Você pode muito bem responder a essa pergunta tanto quanto eu. Você **sabe** que é uma mente com um corpo e que pode dizer, com sinceridade: **eu sou o mestre!** Você sabe que está melhorando em **tudo**, o que lhe dá todo motivo para manter o ponteiro voltado para o lado **positivo**.

O **medo** da **morte** definitivamente fará o bom e velho ponteiro viver sempre no lado negativo. Ao temer a morte, você acaba tendo medo de qualquer dor, pois pensa que pode ser um sinal de perigo. Você terá horror ao seu aniversário, sabendo que cada um o leva um passo adiante rumo à sua partida. Pois bem, o que vamos fazer com esses pensamentos? Aqui está algo que apelará à sua mente lógica. Uma mente feliz leva a mais saúde, e com mais saúde, naturalmente, você vai viver mais, não é? Certo? Bem, a coisa a fazer é **amar a vida**, e não **temer a morte**. Conforme progredir com essa Fórmula Mágica, você terá um monte de motivos para ser feliz. Portanto, vamos manter o ponteiro longe do vermelho no que se refere a esse medo, combinado?

A **inveja** também não parece muito boa no seu medidor de pensamento, não é? Ter inveja de coisas e pessoas é algo muito negativo. E por que algumas pessoas têm inveja? Pensando nessa questão segundo o olhar de um psicólogo, fica claro que a inveja é causada por uma destas duas razões, ou por ambas: **inferioridade** ou **egoísmo**. Caso você, por algum motivo, seja acometido pelo primeiro, tenho certeza de que a Fórmula Mágica já está mudando esse cenário completamente. E se for o egoísmo que estiver causando a inveja, você se livrará dele também, pois, quando se acostumar a recorrer ao **reservatório** de **energia** contido na sua mente criativa, não terá mais motivo para ser egoísta. Você irradiará tanto charme e magnetismo que seus entes queridos serão atraídos para perto.

O ódio é algo negativo; tanto que prejudica muito a saúde. O ódio não prejudica ninguém mais além da pessoa que o detém. Aqui vai uma sugestão que talvez nem todo mundo entenda. Se você acha que tem algum motivo para odiar alguém, não faça isso; ao contrário, **abençoe-o**. Fazer apenas isso traz um brilho de felicidade ao seu coração, e a felicidade o coloca no lado positivo e traz consigo grandes recompensas. De agora em diante, você não terá ódio de mais ninguém, certo?

O **mau humor** é algo negativo. E ele não é uma causa, mas um efeito. O que o causa? Corrija a causa e você nunca mais ficará de mau humor ou irritado. Algumas causas do mau humor são:

a. Uma consciência culpada causará mau humor. Se fizemos algo que não deveríamos ter feito, nos flagramos constantemente com os nervos à flor da pele, temendo que aquilo seja descoberto. Naturalmente, sob tais circunstâncias, o humor da pessoa não será dos mais angelicais.

b. Tarefas não concluídas não ajudam em nada o humor de uma pessoa. Começar o dia enfrentando um monte de tarefas inacabadas geralmente causa irritabilidade. Isso diminui aquela sensação de ser feliz por estar vivo. É uma prática muito boa dar uma limpada ao longo do caminho. Um trabalho concluído sempre dá uma sensação muito boa.

c. Não gostar das coisas que você faz causa mau humor. Aprenda a gostar do que faz, ou encontre algo para fazer de que você goste, se isso for possível.

d. Problemas de saúde costumam afetar o humor, mas claro que você vai cuidar da sua saúde.

Assim que tomar as atitudes para corrigir o mau humor, você verá o **ponteiro do medidor de pensamento** literalmente pular para o lado **positivo**.

IMAGENS MENTAIS

A mente pensa com imagens, não com palavras. Tudo que vemos e ouvimos, traduzimos em imagens mentais; em outras palavras, vemos os pensamentos. Se eu mencionar a palavra "automóvel", você não verá as letras que compõem a palavra "a-u-t-o-m-ó-v-e-l", você verá a imagem de um carro. Pode ser o seu, algum que você conhece, ou um que gostaria de ter. Seja qual for o caso, verá um automóvel. Quando não é possível imaginar um pensamento, a sua mente faz o melhor que pode e simboliza. Se a palavra "amor" é mencionada, você não pode ver o amor, mas é muito provável que veja uma imagem mental de alguém que você ama. O mesmo vale para palavras como "alegria", "felicidade", "amigo", "ódio" etc.

A imaginação é a habilidade de visualizar mentalmente coisas e condições que não existem. Existe a imaginação **construtiva,** que vê tudo com um olhar **positivo**, e existe, sinto dizer, a imaginação **negativa**, que é exatamente o oposto.

Num texto adiante, veremos que as imagens que mantemos na nossa mente consciente agem como **padrões** para a mente criativa, que atua sobre eles, **reproduzindo-os** em nosso corpo e em nossos assuntos.

Contudo, não vamos esperar o outro texto para obter os benefícios das imagens mentais. Começaremos agora mesmo. E isso nos leva de volta à primeira frase deste texto, dizendo que você seria colocado em uma dieta: uma dieta mental. E é isso que proponho fazer agora.

Quando você ingere a comida errada, em geral tem uma indigestão. Se permitir que sua mente seja preenchida com pensamentos errados, imagens mentais erradas, sofrerá de uma indigestão mental.

Revistas de fotos, como *Life*, *Look*, *Pix* etc., utilizam os serviços de editores capazes, cujo trabalho é selecionar, de milhares de fotos enviadas, aquelas que aumentarão o valor das publicações e atrairão mais assinantes. Não ter cuidado ao selecionar as fotos depreciaria demais o valor da revista.

Você deve agir, a partir de agora, como um editor de fotografias, editando as imagens mentais que vai permitir que entrem na sua mente. A preocupação nada mais é do que guardar imagens mentais de coisas que não queremos, não é mesmo? O medo é igual. E também todos os pensamentos negativos que mencionamos, além dos muitos outros que você possa ter, são imagens do tipo errado. Elas acabarão com a sua felicidade, terão efeito na sua saúde e impedirão o progresso que você poderia esperar na vida.

Na natureza, não existe o vácuo. Não é possível tirar alguma coisa sem colocar outra no lugar. Então, sabendo disso, se uma imagem mental de natureza negativa se insinua para dentro da sua mente, remova-a colocando uma **imagem** positiva no lugar.

Seu trabalho para esta semana é muito simples, embora importante – de importância **vital**. Esta será a **semana do pensamento positivo**. Fique de olho nos seus pensamentos e elimine os negativos. Proteja-se de conversas negativas, pois isso certamente criará imagens mentais negativas.

Para garantir que a **semana do pensamento positivo** será eficaz, que tal plantar uma semente de pensamento positivo na sua mente criativa, agora mesmo? Leia a seguinte frase pelo menos três vezes, lentamente, refletindo: "Toda vez que um pensamento negativo tentar entrar na minha mente, prestarei atenção nele no mesmo instante e o dissolverei com um pensamento positivo. Minha autoconfiança está crescendo, pois, dia após dia, ganho maior domínio sobre mim mesmo".

Eu sugeriria, neste ponto, que você evitasse procurar resultados no momento em que fizer uma declaração pela primeira vez. Apenas faça calmamente a afirmação com a segurança de que os resultados virão. Ao plantar uma semente, você não vê nada no primeiro momento após o plantio, mas sabe que, se cuidar da semente e nutri-la, no devido tempo será recompensado com uma planta e seus botões. Talvez a melhor atitude a tomar seja a que você assume quando envia uma correspondência. Você não espera já receber uma resposta imediata. Não, apenas envia a correspondência e sabe, sem pensar em nada específico, que, por meio de uma cadeia de eventos, no devido tempo a resposta chegará. Tenha a mesma tranquilidade quando fizer a sua afirmação. Tudo bem não pensar nela imediatamente após fazê-la, porque, quando você pensa, um pouco de dúvida e ceticismo pode aparecer, anulando qualquer efeito que poderia, de outro modo, se manifestar.

Neste ponto, eu poderia entrar numa longa discussão acerca dos princípios que logo serão postos em uso. Na verdade, nos meus trabalhos anteriores de psicologia criativa, nas primeiras lições eu devotava muito espaço para uma explicação de por que os princípios funcionariam para você. Aqui, estamos revertendo nosso procedimento, e aprendemos primeiro como aplicar os princípios e depois o porquê. Desse jeito, estamos obtendo benefícios logo no começo. Você já lucrou imensamente com os primeiros textos, tenho certeza, e manteremos os resultados se amontoando ao longo desta leitura.

Que você tenha alegria e paz!

POR QUE AS PESSOAS SABEM O QUE TÊM QUE FAZER E MESMO ASSIM NÃO FAZEM?

Até aqui você foi capaz de ler e aprender um pouco mais sobre ações, imagens e pensamentos negativos. Estou convicto de que nesse ponto do livro você já entendeu que a consciência e a automutilação são um arsenal a seu favor. Mas por que muitas pessoas, mesmo sabendo o que devem fazer, se mantêm preguiçosas? Vou elencar os quatro principais motivos:

1. IGNORÂNCIA – elas não sabem o que precisam fazer e muito menos o que está acontecendo com elas.
2. ARROGÂNCIA – elas acreditam que já sabem de tudo e que não precisam de melhorias, conselhos ou ajuda.
3. EGOÍSMO – elas só pensam em si mesmas e não têm nenhum compromisso com aqueles que estão ao seu redor, nem sobre o quanto a sua negligência afeta as pessoas.
4. IRRESPONSABILIDADE – é a pior de todas, porque a pessoa sabe o que tem que fazer e mesmo assim não faz.

E raramente as pessoas que passam por esse processo sabem e/ou admitem esse fenômeno. Aliás, existe um nome para isso. Chama-se efeito Dunning-Kruger.

Esse é o efeito que faz com que pessoas com baixa habilidade acreditem que são ótimas no que fazem. Parece estranho, mas é real. Muitas pessoas incapazes têm a certeza de que são peritas no que fazem, e por isso um padrão se estabelece. Com isso:

1. A pessoa acredita que não precisa aprender.
2. A pessoa acredita que é melhor que seus pares.

3. A pessoa tem dificuldade de reconhecer quando alguém evoluiu e ela não.

Ao mesmo tempo, esse conceito também revelou que pessoas mais capacitadas, em muitos casos, se acham abaixo da média, ou inferiores. É o exemplo da síndrome do impostor. Pessoas pertencentes a esse grupo raramente estão felizes e realizadas com seu trabalho ou com seus resultados. Elas confundem perfeccionismo com perfeição.

E existe uma grande diferença, pois:

1. Perfeição é um estado terminado, sem melhorias, um atributo finito. Não pertence aos homens.
2. Perfeccionismo não é ruim. O que é ruim é o adiamento do seu projeto porque ele ainda não está "perfeito". Perfeccionismo é fazer o melhor que você pode, com os recursos que tem, dentro do prazo estipulado.

Troque padrões perfeccionistas como:

1. Não posso falhar em nenhuma tarefa do meu dia.
2. Não posso cometer nenhum erro.
3. Tenho que parecer forte e no controle o tempo todo.
4. Vou fazer tudo que tiver que fazer para ter a aprovação de outras pessoas.
5. Não devo desapontar ninguém.
6. Atingir o melhor possível todas as vezes em todas as tarefas é a coisa mais importante.

Por altos padrões como:

1. Eu quero ser o melhor no que faço e entendo que fracassos fazem parte do processo.
2. Eu vou diminuir os erros e aprender com cada um deles. Erros fazem parte do processo.
3. Eu consigo gerenciar bem minhas emoções e relacionamentos. Demonstrar emoções de maneira apropriada vai fortalecer meus relacionamentos.
4. Eu vou tratar as pessoas com respeito e cordialidade independentemente do que elas pensarem de mim.
5. Eu vou fazer o melhor que puder para ajudar os outros, mas não posso agradar a todos ao mesmo tempo.
6. Eu vou colocar meus esforços máximos a cada tarefa que fizer. Melhoria contínua é muito importante.

Padrão Habitual n. 5: prática
Desejo

por Claude Bristol

Foi o desejo que trouxe o progresso para o mundo. Sem ele, todos nós ainda viveríamos numa era primitiva. Tudo que temos no nosso mundo moderno é resultado do desejo. De fato, o desejo é a força motriz da vida em si. Você o vê ao seu redor – no mundo animal, em todas as formas de vida vegetal, e em todos os atos e obras dos seres humanos. A fome provoca o desejo por comida, a pobreza, o desejo pela riqueza, o frio nos faz desejar o calor, e os incômodos, o desejo de ter coisas melhores.

Ele é o poder gerador de toda ação humana, e sem ele ninguém pode ir muito longe. Quanto mais excessivo, quanto mais urgente for o desejo, mais cedo ele é consumado. Ele marca a diferença entre o peão sem estudo e a pessoa realizada, entre o atendente e o executivo, entre o fracasso e o sucesso. Então você deve começar com o desejo, tendo em mente que, com a magia de acreditar, você pode obter aquilo que vê com o olho da sua mente. Os mecanismos servem para ajudar você a focar com intensidade a imagem-desejo na tela da sua mente subconsciente, bem como permitir que você evite e não deixe entrar nenhum pensamento que o distraia, ideias negativas, qualquer projeção de medo ou dúvida que possa penetrar em seu subconsciente.

Então vamos falar desses mecanismos. Pegue três ou quatro cartões. Cartões de apresentação servem. Na sua sala, em casa, no seu quarto ou em qualquer outro lugar onde você tenha privacidade, sente-se e pergunte-se o que mais deseja, acima de tudo. Quando vier a resposta, e você tiver certeza de que é o seu maior desejo, no topo de um dos cartões, escreva uma palavra-imagem que o represente. Uma ou duas palavras serão suficientes – um emprego, um emprego melhor, mais dinheiro, casa própria. Depois, nos demais cartões, escreva a mesma palavra-imagem do primeiro. Leve um consigo, na carteira ou na bolsa, coloque outro ao lado da cama, ou na cabeceira, e outro no espelho ou penteadeira, e deixe mais um na sua mesa. A ideia, como você já deve ter percebido, é fazer com que você veja mentalmente a imagem em todos os momentos do dia. Antes de dormir, à noite, e ao acordar, pela manhã, são momentos importantes das 24 horas do dia, nos quais deve se concentrar nos seus pensamentos com mais força ainda. Mas não pare apenas nesses dois períodos, pois quanto mais você puder visualizar o desejo com esse método (ou com um que você mesmo tenha criado), mais rápida será a materialização.

No começo, talvez você não tenha a menor ideia de como os resultados virão. Entretanto, não precisa se preocupar. Apenas deixe para a mente subconsciente, que tem seu jeito de fazer contatos e de abrir portas e caminhos nos quais talvez você nunca tenha pensado. Você receberá assistência das fontes mais inesperadas. Verá que ideias úteis para a realização do que você programou virão nos momentos mais inesperados. Você pode ser subitamente surpreendido com a ideia de encontrar uma pessoa da qual não tem notícia há muito tempo, ou ligar para alguém que você nunca viu. Pode ter a ideia de mandar uma mensagem ou fazer uma ligação. Seja qual for a ideia, siga-a. Tenha sempre caderno e lápis perto da cabeceira da cama, e quando essas ideias vierem durante a noite, anote-as no caderno, para que não as esqueça na manhã seguinte. Muitas pessoas bem-sucedidas têm ideias durante a noite que são imediatamente transcritas para um caderno, para que não sejam perdidas.

Fonte: Claude Bristol, *The Magic of Believing* (A magia de acreditar). Prentice-Hall, Inc., 1948, pp. 118-19.

Padrão Habitual n. 6: prática
Seis maneiras de transformar desejos em ouro

por Napoleon Hill

O método pelo qual o desejo de riquezas pode ser transmutado em seu equivalente financeiro consiste em seis passos específicos e práticos.

Primeiro. Fixe sua mente na quantia *exata* de dinheiro que você deseja. Não basta apenas dizer "quero muito dinheiro". Seja preciso ao definir a quantidade. (Há um motivo psicológico para a definição, que será descrito num capítulo subsequente.)

Segundo. Determine exatamente o que você pretende dar em troca pelo dinheiro que você deseja. (Não existe essa história de "algo em troca de nada".)

Terceiro. Estabeleça uma data específica na qual você pretende *possuir* o dinheiro que deseja.

Quarto. Crie um plano definido para realizar o seu desejo e comece *agora mesmo*, estando pronto ou não, a colocar esse plano em *ação*.

Quinto. Escreva uma declaração clara e concisa da quantidade de dinheiro que você pretende adquirir, estabeleça o tempo-limite para a aquisição, afirme o que você pretende dar em troca pelo dinheiro e descreva claramente o plano por meio do qual você pretende juntá-lo.

Sexto. Leia sua declaração em voz alta, duas vezes por dia, uma antes de se recolher, à noite, e outra logo após levantar, pela manhã. AO LER, VEJA, SINTA E ACREDITE QUE VOCÊ JÁ ESTÁ EM POSSE DO DINHEIRO.

É importante que você siga as instruções descritas nesses seis passos. É particularmente importante que observe e siga as instruções do sexto parágrafo. Talvez você reclame que é impossível "ver-se em posse do dinheiro" antes de realmente tê-lo. É aqui que um desejo ardente virá ajudá-lo. Se você realmente desejar o dinheiro com tanta intensidade que o seu desejo seja quase uma obsessão, não terá dificuldade de se convencer de que de fato vai adquiri-lo. O objetivo é querer o dinheiro e ficar tão determinado a tê-lo que você se convence de que o terá.

Fonte: Napoleon Hill, *Think and Grow Rich*. The Ralston Society, 1937, pp. 42-43. (Edição brasileira: *Quem pensa enriquece*. Porto Alegre: Citadel, 2020.)

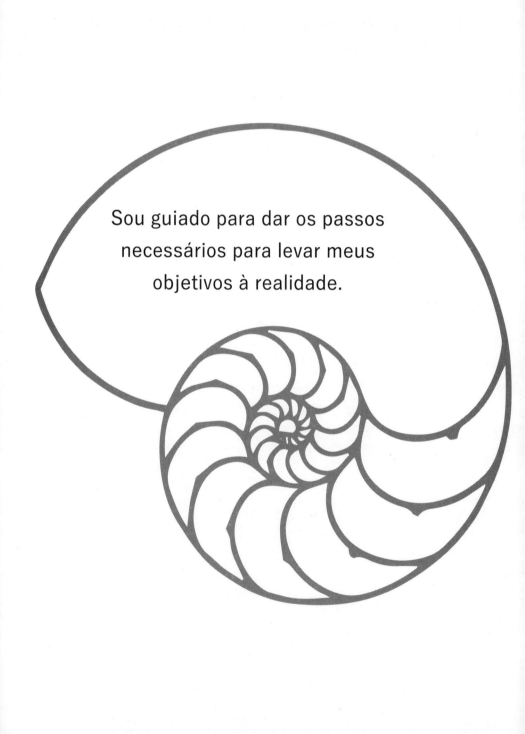

Texto n. 4

A FÓRMULA MÁGICA

Você está confortável? Está relaxado? Está contente? Se sua resposta para essas três perguntas for afirmativa, pode prosseguir com este texto.

Mesmo se lhe dessem a lâmpada do Aladim, isso não seria tão significativo quanto este texto será para você.

Cada um de nós, em algum momento da vida, já desejou ter algum meio de ultrapassar as dificuldades e ser capaz de aproveitar as coisas boas da vida. Se o caminho adiante parece íngreme, e o fardo que carregamos parece pesado demais, uma saída fácil seria algo muito bom. Sob essas condições, em geral, passamos a sonhar acordados. Nos imaginamos recebendo uma fortuna, e tentamos imaginar como seria maravilhoso poder rir das preocupações financeiras e das demais.

Nesses momentos, a lâmpada do Aladim costuma nos aparecer como a resposta. Não desejamos a morte de um parente para satisfazer nosso desejo de riqueza, então permitimos que a imaginação vague, como acontecia na infância, para o tipo de herança dos contos de fada.

Se esses desejos se tornassem realidade, embora pudessem aliviar a sua mente das preocupações financeiras, eles não iriam – **nem poderiam** – fazê-lo feliz. A verdadeira felicidade vem pela realização. Você acha que um mendigo aprecia a comida que lhe foi dada tanto quanto um homem que paga sua refeição com o dinheiro que ganhou?

Você pode ter as coisas boas da vida. Pode ter riquezas. Pode ter uma abundância de bens materiais que, talvez, até agora você apenas invejou.

E sim, pode tê-los com tremenda satisfação, porque eles virão até você por meio dos seus esforços. Ao fazer uso das suas posses, você pode se orgulhar, pois foi por causa da sua habilidade criativa que as adquiriu.

Agora mesmo, vou colocá-lo para trabalhar nos princípios que hesitei em lhe passar mais cedo. Você teria tido dificuldade de aceitá-los, porque a promessa que eles fazem é grandiosa demais. Mas sabendo o que você alcançou até agora – supondo, claro, que seguiu com atenção todas as sugestões dadas –, sei que continuará a seguir as instruções, sabendo que nada além de princípios testados e provados lhe serão dados.

Num texto prévio, foi mencionado que a mente criativa é um armazém de inteligência e energia. Até o momento, não lhe dissemos como contatar essa energia. Sim, você a está usando, mas sem saber muito do que acontece por trás do véu da consciência.

Talvez uma das perguntas que lhe vieram à mente seja: "Como faço para contatar essa fonte de energia e inteligência?". A resposta é simples; na verdade, tão simples que, se você ainda não sentiu os resultados desse contato, será difícil aceitar o que lhe será transmitido agora. O pronome pessoal "eu" é o interruptor que faz esse contato. Você já aprendeu que é uma **mente com um corpo**. Referir-se a si mesmo como "eu" não significa que você está se referindo ao seu corpo; está se referindo à sua mente. E, ao usar esse pronome pessoal, você está indo muito mais a fundo do que somente na sua mente consciente. Está se dirigindo a todo o seu eu mental, que inclui sua mente consciente e a mente criativa.

A única diferença entre as pessoas que fazem as coisas e as que não fazem é uma questão de consciência. Uma pensa em termos de "eu posso"; a outra, "eu não posso". Apenas isso. Quando você fala com convicção "eu posso fazer isso", **você realmente pode**, porque está colocando suas forças para trabalhar e criar a condição necessária para fazer desse objetivo uma realidade. Sua mente criativa não somente lhe fornece o entusiasmo para trabalhar no seu projeto, como também supre a sua mente consciente com direcionamento acerca dos diversos passos a tomar. Desenvolve-se um ar de autoconfiança que atrai a confiança e a cooperação de outras pessoas. Uma avenida de possibilidades e oportunidades parece abrir-se diante de você.

Ao dizer "eu não posso", você literalmente fecha a sua porta mental no que tange ao esforço criativo. Mas o mais triste disso é que a sua mente criativa aceita o negativo como uma instrução e põe-se a trabalhar em cima disso, deixando-o deprimido, em vez de entusiasmado, e, em vez de tornar sua personalidade magnética, ela faz justamente o oposto.

Hoje você começará a mapear a sua vida exatamente como a quer. A partir de agora, não levará uma vida de erros ou acertos. Levará uma vida planejada, e será uma vida planejada que você mesmo criou. Você saberá o que virá no ano que vem e nos anos seguintes, porque já os planejou.

Apenas uma exceção: vamos planejar a nossa vida em unidades de cinco anos. É difícil conceber exatamente o que você gostaria de fazer e ter, digamos, daqui a dez anos. É possível, entretanto, ter bastante certeza das muitas coisas que você gostaria de fazer acontecer durante um período de cinco anos. Portanto, vamos pensar em períodos de cinco anos; a não ser nos assuntos que envolvem saúde e bem-estar geral. É bom garantir que teremos saúde e uma mente alerta e ativa por muitos e muitos anos. E num texto que logo está por vir, aprenderemos como é fácil se sentir bem de verdade.

Você consegue imaginar como se sentiria um menino a quem mandassem vestir calças com bolsos largos, porque logo ele seria levado para uma caverna fantástica cheia de doces, bolinhas de gude, brinquedos e basicamente tudo que faria brilhar os olhos de uma criança, e que ele poderia encher os bolsos com tudo que quisesses? Bem, agora mesmo lhe farei uma promessa que será igualmente empolgante. Colocarei você no caminho que o levará a obter quase tudo que desejar na vida.

Arranje um caderno de anotações para usar como seu caderno de planejamento. É possível comprar um em qualquer papelaria, e custa pouco. Antes de escrever qualquer coisa, medite um pouco e faça a si mesmo esta pergunta: "Se eu pudesse ter qualquer coisa que quisesse, o que seria?". Pense nisso com muita seriedade. Esqueça as suas limitações, por ora. Apenas se imagine numa situação em que pudesse ter tudo que quisesse: dinheiro, casa, carro, um emprego melhor, um negócio próprio. O que você escolheria nessa situação?

Conforme seus **desejos** forem se cristalizando na sua mente, escreva. Use uma página para posses e uma página para seus assuntos pessoais. Na primeira, liste tudo que gostaria de possuir que seja de natureza material, e não tenha receio de ser generoso consigo. Não escreva **centavos** se você quer **reais**. Na segunda página, escreva as coisas que têm a ver com os seus assuntos pessoais: emprego, seu negócio, amizades etc. Pense sempre em períodos de cinco anos. Liste as mudanças que gostaria que ocorressem durante esse tempo. Antes do fim desse período de cinco anos, você deve repetir esse procedimento e planejar para os cinco anos seguintes.

Agora, aqui segue uma instrução de importância vital. Pelo menos duas vezes ao dia, pegue esse caderno e, antes de ler os itens listados, repita esta afirmação: "Eu serei guiado para dar os passos necessários para fazer dos meus objetivos listados uma realidade". Em seguida, leia lentamente cada item que você colocou nas duas listas.

Você se lembra do que aprendeu acerca das imagens mentais? Pois bem, conforme for vendo cada item nas folhas do seu caderno, vá além de apenas enxergar a palavra; veja, com o olhar da sua mente, aquilo que deseja e veja a si mesmo em conexão com isso. Se o objetivo é uma bela casa nova, realmente veja-se morando nessa casa. Se o objetivo é um emprego melhor, ou um negócio próprio, veja **a si mesmo** ativamente engajado nesse emprego melhor ou nesse negócio. Sob circunstância nenhuma olhe para a lista com a sensação de que está desejando as coisas mencionadas. Leia os itens e, enquanto lê, tenha uma sensação de alegria ao enxergar mentalmente essas coisas que estão vindo até você.

Se você recebesse uma carta de um advogado listando muitas propriedades de valor que foram deixadas para você em um testamento, toda vez que relesse a carta você teria uma sensação de grande alegria na antecipação dessas coisas que logo serão suas. Você não leria a carta e desejaria ter essas coisas, pois estaria convencido de que logo elas seriam suas. Bem, essa é a sensação que quero que você tenha ao ver os itens da sua lista de objetivos.

Se acompanhou os textos com bastante atenção até agora, você já obteve uma consciência de sucesso que não enxerga derrota, e não será difícil aceitar totalmente os pensamentos oferecidos aqui. Você ficará exultante ao perceber que está em posse da chave que lhe permitirá conseguir o que realmente quer na vida.

No Texto n. 3, discutimos um pouco sobre a preocupação, e agora esse assunto pode ser trazido de novo para maior consideração. A mente, como você sabe, pensa com imagens, não com palavras. A preocupação nada mais é do que se agarrar a **imagens mentais de coisas que você não quer.**

O que você aprendeu nesse texto o ajudará concretamente a superar a preocupação, porque você se treinará a pensar em termos de coisas que quer, e não o contrário.

Neste ponto, eu gostaria de oferecer um pequeno conselho. Muitos costumam achar que não é necessário escrever os objetivos, que será mais simples tê-los em mente e revê-los mentalmente, em vez de retornar à lista escrita continuamente. Não é aconselhável fazer isso. Enxergar os objetivos em forma escrita ajuda a imprimi-los na sua mente com muito mais força do que se você fizesse dessa operação algo apenas mental.

Na verdade, é possível variar esse procedimento. Alguns, em vez de usar um caderno em branco para seus objetivos, arranjam um caderno maior e usam uma página inteira para cada objetivo, e, além de escrevê-lo, arranjam imagens e colam na página do objetivo. Isso é bom, claro, e facilita ainda mais visualizar.

É aconselhável riscar seus objetivos conforme eles forem ocorrendo. Vê-los riscados do seu dia a dia aumenta o seu entusiasmo rumo aos outros que ainda estão em processo de materialização. Isso é fácil de entender.

Às vezes você pode chegar à conclusão de que não quer certos objetivos que já listou. Nesse caso, risque-os. Por outro lado, continue pensando em novos objetivos, que ainda não foram listados. Estes devem ser acrescentados. Em outras palavras, mantenha sua lista de objetivos atualizada.

Talvez você esteja se perguntando se pode acrescentar objetivos que não são para você diretamente, mas sim para alguém próximo ou querido. Tudo bem fazer isso. Na verdade, se faz você feliz servir aos outros, qualquer objetivo que você tenha em mente para eles será, na realidade, para você também.

Deixe-me esclarecer que os pensamentos que lhe foram dados neste texto não têm relação alguma com magia. Não estou afirmando que, ao listar objetivos e revê-los diariamente, invocará espíritos que realizarão esses objetivos como num passe de mágica. O que realmente acontece é que o procedimento permitirá que você construa uma consciência de sucesso, e, com essa consciência de sucesso, a sua mente criativa, com o poder de raciocínio dela, o guiará para tomar as ações que realizarão esses objetivos.

Não deveríamos querer que fosse de nenhum outro jeito. Como afirmado no texto anterior, a verdadeira satisfação do sucesso está na conquista. Nossa maior empolgação vem quando vemos os frutos dos nossos esforços virando realidade.

Um último pensamento acerca dos seus objetivos é quanto à felicidade que eles podem lhe proporcionar. Muitos costumam perguntar como podem saber se ficarão felizes depois de atingirem seus objetivos. A resposta para essa pergunta é bem simples. Se o objetivo for desejado por motivos egoístas, você será capaz de alcançá-lo, mas não é certo que seja feliz por muito tempo depois que o alcançar. Se o desejo de um objetivo for altruísta, você não terá o que temer. Você ficará feliz quando o alcançar.

Vamos supor que, ao chegar ao final do Texto n. 4, sem retomar os textos anteriores, você tente revê-los, começando pelo primeiro. E, nessa sua revisão, você faz um levantamento dos resultados que já obteve até agora. Seria uma boa ideia pegar uma folha de papel e escrever o número de cada texto e, logo em seguida, mencionar brevemente o ponto principal obtido com esse texto específico e os resultados alcançados. Se fizer isso para cada um dos três textos anteriores, você ficará surpreso com quanto benefício já obteve com esta Fórmula Mágica.

Lembre-se de que o que você obterá da sua leitura será diretamente proporcional ao que você dedicar a ela. Se levar todos os textos a sério e seguir as sugestões simples que lhe foram dadas, você não conseguirá medir em dinheiro o valor que esta fórmula terá na sua vida. *Que você tenha alegria e paz!*

Padrão Habitual n. 7: meditação
Eu não preciso ser um fracassado!

por Maltbie D. Babcock

Aqui chegamos a uma verdade esplêndida: não preciso ser um fracassado! Aconteça o que acontecer, acertando ou falhando no que vier, não preciso ser um fracassado. A estrada pode ser esburacada ou lamacenta, meu arado pode ser fraco, minha força, pequena, o clima, ruim, porém, se de coração, com a graça do Senhor, eu faço o melhor que posso e, em vez de olhar para trás, eu ergo a cabeça, eu não sou um fracassado.

Ter ventos calmos e céu aberto e um barco forte não é necessariamente ser bem-sucedido, e ter ventania, ondas cortantes, chuva e frio e fome não é necessariamente ser um fracassado; mas não importa como está o clima, não importam as marés, a chuva, o sol ou o vento; navegar sob as estrelas e com um coração sincero para seguir meu curso o melhor que eu puder, isso é ter sucesso e não ser um fracassado, ainda que meu barco vire e ninguém mais ouça falar de mim enquanto o mar não entregar seus mortos.

"Fracasso", portanto, nunca é uma palavra absoluta, é sempre relativa; e o único e verdadeiro fracasso está dentro, não fora. Fracassar é não nos ater ao melhor que conhecemos. O fracasso interior é a única calamidade. O fracasso exterior pode vir a ser a maior bênção. Que eu seja leal ao dever simples e providencial, que me atenha ao melhor que conheço, e o que parece ser um fracasso se mostrará um meio de sabedoria, desenvolvimento, e não raro o broto do sucesso.

Fonte: Maltbie D. Babcock, D.D., *The Success of Defeat* (O sucesso da derrota). Charles Scribner's Sons, 1905, pp. 5-7.

Padrão Habitual n. 8: leitura
Autossugestão, a conexão entre a mente consciente e a mente subconsciente

por Napoleon Hill

A transferência de pensamentos da consciência para o subconsciente da mente pode ser apressada pelo simples processo de incrementar ou estimular as vibrações de pensamento por meio de fé, medo ou qualquer outra emoção muito intensificada, como o entusiasmo, um desejo ardente baseado num propósito definido.

Pensamentos apoiados pela fé têm precedência sobre todos os outros no que se refere à definição e à rapidez com que são entregues para o subconsciente da mente e então trabalhados. A rapidez com que o poder da fé age fez surgir a crença, defendida por muitos, de que certos fenômenos são resultado de "milagre".

Psicólogos e cientistas não reconhecem esses fenômenos como milagres, pois alegam que tudo que acontece é resultado de uma causa definida, ainda que seja uma causa que não pode ser explicada. Seja como for, é fato que uma pessoa capaz de libertar a própria mente de todas as limitações autoimpostas, por meio de uma atitude mental conhecida como fé, geralmente encontra a solução para todos os seus problemas, independentemente da natureza destes.

Os psicólogos reconhecem também que a Inteligência Infinita, embora não seja considerada uma solução automática para os problemas, não obstante leva a uma conclusão lógica qualquer ideia, meta, propósito ou desejo definido com nitidez que seja submetido ao subconsciente da mente numa atitude mental de fé perfeita.

Entretanto, a Inteligência Infinita nunca tenta modificar, mudar ou de alguma forma alterar nenhum pensamento que lhe seja submetido, e nunca foi conhecida por agir de acordo com um mero desejo, ou ideia, ou pensamento, ou propósito, indefinidos. Tenha essa verdade bem fundamentada na sua mente e você se verá em posse de energia suficiente para resolver seus problemas diários com muito menos esforço do que a maioria das pessoas devota ao preocupar-se com os problemas.

Esses tais "palpites", em geral, são sinais que indicam que a Inteligência Infinita está procurando alcançar e influenciar o setor consciente da mente, mas você observará que eles costumam vir em resposta a alguma ideia, um plano, propósito ou desejo, ou algum medo que foi entregue ao setor subconsciente da mente.

Todos os "palpites" deveriam ser tratados com respeito e examinados com atenção, visto que costumam transmitir, seja em todo, seja em parte, informação do maior valor para o indivíduo que os recebe. Esses "palpites", em geral, surgem muitas horas, dias ou semanas depois que o pensamento que os inspirou alcançou o reservatório da Inteligência Infinita. Enquanto isso, o indivíduo já esqueceu o pensamento original que os inspirou.

Esse é um assunto profundo, do qual nem mesmo os mais sábios homens sabem muita coisa. Torna-se assunto que se revela sozinho apenas com meditação e reflexão.

Entenda o princípio de operação da mente aqui descrito e você terá uma pista relevante de por que a meditação às vezes traz à pessoa aquilo que ela deseja, às vezes lhe traz algo que ela não deseja.

Fonte: Napoleon Hill, *The Master-Key to Riches*. Willing Publishing Company, 1945, pp. 61-63. (Edição brasileira: *A chave mestra para as riquezas*. Porto Alegre: Citadel, 2023.)

Texto n. 5

BEM-ESTAR FÍSICO E TENSÃO FÍSICA

A arte de relaxar.
Este texto lhe mostra como aumentar
sua energia e evitar a fadiga

"Eu não consigo relaxar." Três em cada quatro pessoas costumam falar essa frase, e talvez você seja uma delas.

Este texto será dedicado à arte de relaxar, e, do que você sabe sobre a mente e o jeito como ela opera, você jamais falará uma frase igual a essa de novo.

Você **pode** relaxar, porque é **uma mente com um corpo**, e esse corpo fará o que você indicar. Agora mesmo, antes de seguir adiante, tente experimentar isto: erga o braço direito! Abra e feche a mão algumas vezes. Mexa os dedos! Muito bem, já basta. Você teve alguma dificuldade de realizar algum desses movimentos? Nem um pouco. E sabe por quê? Simplesmente porque você sabia que podia realizar. Você sabe, sem hesitação, que seus braços, pernas e dedos farão o que você mandar. Você não tem dúvida disso.

Os músculos do corpo responderão, igualmente, à sua instrução mental, contanto que você saiba que eles farão isso. Então, visto que estamos trabalhando primeiro com resultados, depois com teoria, neste exato momento daremos à mente criativa instruções acerca do relaxamento. Leia a seguinte afirmação pelo menos três vezes, lentamente, refletindo, depois deixe este texto de lado por um instante e permita que seu ser responda à sua mente criativa e relaxe – totalmente.

> **"** Todo o meu ser, dos pés à cabeça, está num estado de perfeito relaxamento. A tensão foi liberada, removendo todas as restrições físicas, permitindo que o sangue circule livremente por todas as veias, artérias e capilares do meu corpo. Tenho uma sensação de bem-estar total, e o meu corpo armazena energia renovada."

Se você realmente teve convicção ao repetir essa afirmação, neste momento nem deveria estar ciente do corpo. O relaxamento completo é isso. Você chega num estado em que é quase uma mente flutuando. Estar ciente de vários membros do corpo indica que você não está totalmente relaxado.

Aqui vai um fato que você deveria lembrar. Quando o corpo está tenso, ele está **gastando energia**; quando relaxado, está **armazenando energia**.

Há momentos em que é adequado que o corpo fique tenso. Quando está realizando um trabalho pesado, você fica tenso. Quando está tenso, está usando energia, o que está certo, sob circunstâncias adequadas. É para isso que a natureza lhe fornece energia. Porém, há muitos e muitos momentos durante o dia em que você pode relaxar, e assim recuperar um pouco, se não toda, a energia despendida.

A não ser que o trabalho da pessoa seja extremamente extenuante, não há motivo para que ela esteja morta de cansaço no final do dia. Ela deveria poder chegar em casa e apreciar um bom jantar, e ser capaz de aproveitar totalmente uma noite agradável. É quando a pessoa fica tensa o dia inteiro que ela termina o dia totalmente exausta.

Algumas pessoas se perguntam por que ficam tão cansadas, principalmente visto que passam tanto tempo sentadas. Estar sentado não é indício de que você está relaxado. Você pode estar tão tenso sentado quanto estaria em pé. A bem da verdade, dá para estar tenso até mesmo deitado na cama. Se você é do tipo que acorda, de manhã, se sentindo tão cansado quanto estava quando se deitou, provavelmente passou a noite inteira tenso, mesmo tendo dormido. Ficou gastando energia, quando deveria estar armazenando. Quando aprender a ir para a cama e relaxar, você acordará na manhã seguinte animado para começar o dia.

Sabia que é preciso relaxar mentalmente antes de poder relaxar fisicamente? Sim, é verdade. Esse seu corpo reflete o estado da sua mente. Se sua mente está tensa, seu corpo ficará igualmente tenso. Deixe-me dar um exemplo. Imagine que você está no topo de um prédio muito alto. Está bem na beirada da cobertura, olhando lá para baixo, para a rua. Você fica muito interessado nas pessoas e nos carros pequeninos que vê ao longe. Agora imagine que você perde o equilíbrio e cai. Ao fazer isso, você não sente o corpo ficar tenso?

Imagine-se sozinho num barco, longe da praia, em alto-mar. Chega uma tempestade, e seu barco vira. Você não estremece com uma imagem mental dessas? Ou posso sugerir-lhe a cena de um garotinho chupando uma laranja enorme e suculenta. O que acontece? Sua boca começa a salivar. Todas essas imagens provam que temos reações fisiológicas aos nossos pensamentos. E, sendo assim, você consegue entender quão impossível seria ficar fisicamente relaxado quando a mente ainda está tensa. Em geral, enquanto você faz a afirmação que acabei de lhe dar, a sua mente relaxa automaticamente, porque você está pensando no relaxamento. Mas se a mente continua tensa, se há algum problema na sua mente, perceba que continuar tenso vai acabar impedindo você de encontrar uma solução; na verdade, é provável que os problemas piorem; contudo, se você domina o relaxamento, obtém tanta energia que vai ficando cada vez mais fácil lidar com os problemas. Portanto, se necessário, dê à sua mente uma instrução como esta: "Eu sou o mestre! Minha mente está imersa em pensamentos de paz e harmonia".

Você ficará admirado com a facilidade que será, para você, relaxar tanto mental quanto fisicamente. E ficará igualmente impressionado ao descobrir quanta energia a mais você tem. Será capaz de trabalhar mais e melhor, com menos cansaço que antes. E **pensará** melhor do que antes. Seus pensamentos serão construtivos.

Daqui em diante, faça questão de relaxar – mental e fisicamente – sempre que puder. Toda vez que concluir uma tarefa que tenha exigido gasto de energia, relaxe por alguns instantes para recuperá-la. Enquanto almoça, **relaxe**. Enquanto espera um motorista ou um ônibus, **relaxe**. Crie o hábito de relaxar automaticamente no instante em que a necessidade de gastar energia passar. Você chegará a um ponto em que não mais reconhecerá o cansaço.

Se em algum momento tiver dificuldade de ficar totalmente relaxado, converse, literalmente, com as partes do seu corpo que estão tensas. Se os músculos da perna estão tensos, fale com eles. Você é uma mente com um corpo, e esse corpo vai lhe obedecer se você **souber** que ele fará isso. Temos pouca paciência com um filho que desobedeça às nossas instruções. Bem, então não permita que seu corpo desobedeça às suas instruções mentais.

DORMIR MELHOR POR MEIO DO RELAXAMENTO

Você não mais terá dificuldade de mergulhar em um sono pacífico e revigorante se seguir estas simples instruções:

PASSO 1. Não use a força de vontade ao tentar pegar no sono. Quanto mais fizer isso, mais acordado ficará. Depois que se recolher, apenas repare no quanto é bom estar numa cama confortável, sem aquele monte de roupas. Use uma atitude de "eu não ligo" com relação a dormir. Sentir-se confortável e descansar é a coisa mais importante a ter em mente, como você vai ver.

PASSO 2. Remova da mente todas as preocupações do dia. Não há nada que você possa fazer com relação a elas enquanto estiver na cama, então as esqueça até o dia seguinte.

PASSO 3. Relaxe mentalmente e fisicamente. Se necessário, converse com a sua mente e o seu corpo e lhes dê instruções para que relaxem. Você relaxará e adormecerá rapidamente – e quando acordar, na manhã seguinte, se sentirá a melhor pessoa do mundo, animado para começar um dia agitado.

PERMANEÇA SEMPRE JOVEM COM O RELAXAMENTO

Ao aprender a relaxar, não se esqueça dos músculos faciais. A maioria das rugas de expressão que você vê num rosto foi colocada ali pela tensão. As linhas verticais entre as sobrancelhas foram postas ali quando você franzia o cenho enquanto pensava ou trabalhava. Os tais pés de galinha foram postos ali, no canto dos olhos, ao estreitá-los. Linhas fundas são gravadas em torno da boca pela raiva e pelo mau humor.

O rosto sorridente é um rosto relaxado. Você já ouviu muito sobre o valor de um sorriso, quando se trata da personalidade; agora saiba que sorrir também o deixará mais bonito. Então não se esqueça de ter sempre um sorriso agradável no rosto ao praticar seus exercícios de relaxamento.

SER SAUDÁVEL COM O RELAXAMENTO

Seria possível escrever um livro de centenas de páginas descrevendo as doenças e as complicações que podem acometer a pessoa que vive tensa. A lista inclui má digestão, circulação ruim, problemas cardíacos, dor de cabeça etc. Fica fácil, para você, entender como sua saúde vai melhorar em todos os sentidos agora que está pegando firme no desenvolvimento da arte de relaxar.

ALIMENTAR-SE RELAXADO

Deveríamos nos alimentar apenas quando relaxados. Se você estiver sob estresse mental ou físico ao chegar a hora de comer, **pule essa refeição**. Fará muito menos mal ficar sem comer por algumas horas do que comer com a mente e o corpo tensos.

Aqui, devo falar um pouco mais sobre o mau humor, além do que foi dito num texto anterior. Uma pessoa irritada sofre, invariavelmente, de muitos males físicos. Em geral, boa parte da agitação ocorre na hora das refeições. A pessoa mal-humorada verá problema em tudo e em todos. A comida recebida pelo organismo sob tais condições não pode ser digerida adequadamente, resultando em muitos males associados à má digestão.

A LEI DA GRAVIDADE

Coloque um saco de farinha de trigo em pé, e logo ele vai arquear perto da base. É a lei da gravidade em ação. Os seres humanos, desde o momento em que nascem, passam cerca de dois terços de cada 24 horas em posição vertical – mesmo quando sentados. A lei da gravidade continua em ação, e, muitas vezes, a "barriguinha" protuberante que pensamos que é gordura na verdade nada mais é que os órgãos caídos, prolapsos (reclamação muito comum entre as mulheres). Muitos males, incluindo a constipação, em geral resultam de órgãos caídos.

A prancha inclinada mostrou-se uma verdadeira bênção, tanto para homens como para mulheres. Uma sessão de quinze minutos na prancha inclinada uma ou duas vezes ao dia irá reverter a lei da gravidade e fará os órgãos retornarem à posição natural.

A prancha inclinada é uma tábua com cerca de quarenta centímetros de largura e pelo menos 1,80 metro de comprimento. Coloca-se uma das pontas sobre uma cadeira, cama, sofá, ou qualquer objeto firme com uns 60 cm de altura. Deite-se sobre essa prancha, de costas, com a cabeça para baixo. Faça isso por períodos de cerca de quinze minutos cada, uma ou duas vezes ao dia.

PRANCHA INCLINADA PARA RELAXAR

Você verá que a prancha ajuda muito no relaxamento. Não é nem um pouco difícil relaxar sobre a prancha inclinada. Portanto, você pode considerar que, enquanto estiver reclinado desse jeito, não somente estará ajudando a melhorar a sua saúde, como também estará ajudando a natureza a restaurar a energia perdida, por meio desse relaxamento ideal.

PRANCHA INCLINADA PARA UMA BOA SAÚDE

A fluoroscopia revela uma porcentagem incrivelmente alta de pessoas que têm o cólon prolapso. Essa é mais uma evidência da ação da lei da gravidade. E com tantas pessoas afetadas por esse problema, não é de se surpreender que muitas sofram de constipação intestinal.

A prancha inclinada colocará a lei da gravidade em reversão e a fará trabalhar a seu favor, em vez de contra você. Enquanto usa a prancha para aliviar a constipação, sugerimos que massageie gentilmente a região intestinal com as mãos. Além disso, retraia a barriga o máximo que puder.

PRANCHA INCLINADA PARA A BELEZA

Você gostaria de ter um rosto mais firme? Bem, a prancha inclinada fará isso por você, e do modo mais satisfatório. Se seu rosto e seu pescoço estão mostrando as marcas do tempo, o que você está vendo? O resultado da lei da gravidade. A pele ficou flácida, e a boa e velha gravidade a puxa para baixo. Quando estiver deitado na prancha inclinada, olhe-se num espelhinho de mão. Note, com alegria, como a gravidade está encorajando o tecido do seu pescoço e do seu rosto para seu estado mais jovem e quase livre de rugas.

Conforme o tecido e os músculos recaem para o lugar deles, a gravidade está, também, levando um suprimento adicional de sangue a essa região, nutrindo e fortalecendo tecidos e músculos, fazendo que seja natural, para eles, ficarem no lugar correto.

Se você tiver chance de usar uma máscara de beleza, como a de lama, o momento ideal é quando estiver reclinado na prancha inclinada.

Antes de aplicar a máscara de beleza, fique deitado na prancha inclinada por alguns minutos, no intuito de relaxar os músculos e os tecidos do rosto e do pescoço, para que retornem naturalmente para seu lugar de origem. Depois aplique o produto, seguindo as instruções do fabricante, claro.

PRANCHA INCLINADA PARA QUEM FAZ TRABALHO MENTAL

Quando você está mentalmente cansado, por estudar e pensar, verá que alguns instantes sobre a prancha inclinada descansarão tanto a sua mente que você poderá retomar o trabalho com as ideias mais claras. Quando a pessoa cria o hábito de usar a prancha inclinada, ela se vê capaz de fazer mais, e melhor, o trabalho mental.

EXERCITANDO-SE NA PRANCHA INCLINADA

Se você segue algum protocolo de exercícios físicos – seja para emagrecer, seja para ganhar músculos –, ficará impressionado ao ver como seus exercícios serão muito mais eficientes se os fizer sobre a prancha inclinada – com os pés muito mais elevados que a cabeça. Com todos os órgãos no devido lugar, por meio da lei da gravidade, é fácil entender que os exercícios farão você desenvolver força para mantê-los no próprio lugar.

Que você tenha alegria e paz!

ROTINAS E PROTOCOLOS PARA ATINGIR A ALTA PERFORMANCE

Relaxar, para muitas pessoas, pode parecer perda de tempo. Em vários momentos também já achei isso. Hoje sei que, se for feito de maneira estruturada, o relaxamento é um dos principais fatores para as pessoas atingirem a máxima performance.

Atletas de alto rendimento sabem isso. É comum eles falarem que treinam quinze horas por dia, por exemplo. E você pode se perguntar: como isso é possível? A resposta é simples; eles levam em conta o descanso e o relaxamento como treino.

Seis rotinas para você atingir a máxima performance

Vou compartilhar com você um esquema de rotinas e protocolos que irão elevar seu nível de performance em pouco tempo. Esse método já foi utilizado por mim diversas vezes, bem como por milhares de pessoas ao redor do mundo. Sua eficácia é comprovada, e seus benefícios incluem mais energia, foco, clareza, disposição e, acima de tudo, performance.

Antes quero deixar clara uma distinção. Rotina é fazer todos os dias a mesma coisa. Monotonia é fazer essas coisas todos os dias da mesma maneira. Portanto, quando alguém reclama, por exemplo, que seu relacionamento está uma rotina, essa pessoa quer dizer que o casal faz todos os dias a mesma coisa da mesma maneira. O segredo para se atingir a alta performance é:

> **Rotina alta.**
> **Monotonia baixa.**

Outro termo importante é o PROTOCOLO.

Você pode sair de casa para treinar todos os dias durante um ano. Isso se chama rotina. Mas ao chegar na academia, seu treinamento é diferente. Em alguns dias você faz o treinamento aeróbico, noutros, de força máxima, noutros, de flexibilidade. Existe a alteração de séries, exercício, peso, repouso. Pois bem, isso se chama PROTOCOLO.

Sendo assim, quero que tenha claro em mente que as rotinas são sagradas, mas os protocolos podem e devem mudar. Protocolo é como você executa uma rotina, por isso ele é flexível, pois com o tempo pode aprender estratégias melhores de aplicar e executar a sua rotina.

Vamos refletir agora, rapidamente, sobre quatro questões:

1. Quais rotinas você tem na sua vida?
2. Sobre quais delas deve construir?
3. Quais protocolos você aplica na sua rotina?
4. Como eles podem ser executados de forma diferente?

O que vou compartilhar com você é uma metodologia de rotinas e protocolos que sugiro fortemente que você adicione à sua vida e aos seus padrões a partir de hoje. Esse método é chamado de *Os 6Rs da Alta Performance*.

1. ROTINA ENERGÉTICA – o que nos traz energia e faz o nosso dia começar da maneira certa.
2. ROTINA PRODUTIVA – todas as atividades que produzem resultados.
3. ROTINA DE APRENDIZADO – o que aumenta o nosso conhecimento.
4. ROTINA DE CONEXÃO – o que nos conecta com o que é realmente importante.

5. **ROTINA DE REFLEXÃO** – o que nos faz aprender e gerar novas conclusões por meio da reflexão.
6. **ROTINA DE RECUPERAÇÃO** – o que nos recupera a energia física, mental e cognitiva.

Rotina energética

Todos os dias, sem exceção, de maneira obrigatória, devemos criar uma rotina que aumente a nossa energia. Aqui em casa, essa rotina se chama exercício físico. O exercício físico é comprovadamente uma das melhores e mais antigas formas de você aumentar a sua energia. Pode parecer um contrassenso, mas cansar-se fará você descansar. Os benefícios da prática de atividade física já foram descritos de maneira robusta na literatura, e mesmo assim o mundo está cada vez mais obeso e sedentário. Essa é uma realidade padrão chocante e triste. Ainda existe uma questão mais agravante: um hábito ruim é a principal forma de influenciar pessoas ao nosso redor. Em outras palavras, não aprendemos padrões, nós os copiamos de três grupos distintos:

1. Os mais próximos.
2. Os mais poderosos.
3. A maioria.

Por isso, tenho uma filosofia de vida da qual não abro mão: SAÚDE, FAMÍLIA, TRABALHO. E não inverto essa ordem.

Para quê?

1. Para viver mais.
2. Para viver melhor.

Portanto, começar o seu dia praticando exercícios físicos vai ajudá-lo a:

1. Ter mais energia durante o dia.
2. Controlar a ansiedade.
3. Controlar o peso.
4. Aumentar seus indicadores de condicionamento físico.
5. Melhorar a função cognitiva.
6. Diminuir dores.
7. Melhorar a função endócrina.

A lista é extensa e já se justifica por si só. E por que mesmo assim as pessoas insistem em não cuidar da própria saúde? Acredito que existam três motivos principais:

1. Não têm clareza exata dos malefícios que podem estar ocorrendo na vida pela saúde deficiente.
2. Por má influência das pessoas ao redor.
3. Porque ainda não encontraram um motivo forte o suficiente para mudarem seus padrões.

Veja alguns dados da Isma (*International Stress Management Association*) – uma associação sem fins lucrativos voltada à pesquisa e ao desenvolvimento da prevenção e do tratamento do estresse no mundo:

1. Nove em cada dez brasileiros no mercado de trabalho apresentam sintomas de ansiedade, do grau mais leve ao mais incapacitante.
2. 47% sofrem de algum nível de depressão, recorrente em 14% dos casos.

3. 75% da população economicamente ativa no Brasil sofrem alguma sequela de estresse, como a síndrome de burnout, por exemplo.

São dados preocupantes.

A seguir está uma sequência de perguntas para você medir seu nível de performance, segundo a Mayo Clinic (uma organização internacional sem fins lucrativos da área de serviços médicos e de pesquisas médico-hospitalares).

1. Seu trabalho faz você ser um profissional cínico ou trabalhar de maneira crítica?
   SIM ( )   NÃO ( )

2. Seu trabalho suga suas energias mesmo antes de você chegar?
   SIM ( )   NÃO ( )

3. Seus colegas e clientes o incomodam?
   SIM ( )   NÃO ( )

4. Você sente pouca energia e pouca disposição no trabalho?
   SIM ( )   NÃO ( )

5. Você está desapontado com a sua performance no trabalho?
   SIM ( )   NÃO ( )

6. Você faz uso de bebidas, drogas, cigarros ou comida para se sentir mais preenchido com relação ao trabalho?
   SIM ( )   NÃO ( )

7. Você tem percebido mudanças no seu padrão de sono?
   SIM ( )   NÃO ( )

8. Você tem pouca paciência no trabalho?
   SIM ( )   NÃO ( )

9. Você sofre com dores de cabeça inexplicáveis, dores nas costas e outras doenças?
   SIM ( )   NÃO ( )

Se respondeu sim a todas essas questões, você está com sintomas de burnout.

Um dos principais motivos que dificultam a troca dos maus padrões por bons padrões é que os bons são pagos agora e o resultado vem depois. E com os maus, temos o resultado agora e só pagamos depois.

Portanto, sua rotina energética deverá ser capaz de:

1. Aumentar seus estoques de energia.
2. Aumentar seu bem-estar geral.
3. Fazer você viver mais e melhor.

Dentre esses elementos, existem quatro categorias que farão muito por você:

1. Dormir bem.
2. Exercício físico regular.
3. Alimentação adequada.
4. Meditação.

Os princípios do exercício físico

Quando você compra um carro usado e conta para seus amigos, a primeira pergunta é: quanto pagou? A segunda é: qual a quilometragem? Para saber se pagou caro ou barato. Porque um equipamento, qualquer que seja, se muito usado, fica velho.

O corpo é diferente, quanto mais você usa, melhor ele fica!

1. Vida é movimento, movimento é a arte da cura.
2. Não precisa acelerar, basta não parar.
3. Seja forte, fisicamente forte.
4. Desenvolva força, flexibilidade, resistência, agilidade, equilíbrio e velocidade.
5. Tenha um corpo funcional.
6. Não fique mais de três dias sem praticar exercícios físicos.
7. Prefira qualidade acima da quantidade.
8. Exercício é divertido, ainda melhor se em boa companhia.
9. Exercício e recuperação, mantenha o equilíbrio entre os dois.
10. Exercício não é dívida, já está pago.

Ao se exercitar, você melhora todas as suas capacidades físicas, como:

1. RESISTÊNCIA – a capacidade dos sistemas respiratório e circulatório de adquirir, processar e entregar oxigênio para os tecidos.
2. RESISTÊNCIA MUSCULAR – a capacidade do corpo (especificamente dos músculos) de processar, armazenar e utilizar energia.

3. FORÇA MUSCULAR – a capacidade dos músculos ou do grupo muscular de produzir força.
4. MOBILIDADE – a amplitude máxima de movimento das articulações.
5. PODER MUSCULAR – a capacidade do músculo ou grupo muscular de produzir a força máxima o mais rápido possível.
6. RAPIDEZ – a capacidade de executar uma ação recorrente o mais rápido possível.
7. COORDENAÇÃO – a capacidade de combinar várias ações em movimento fluido e contínuo.
8. AGILIDADE – a capacidade de minimizar o tempo de transição entre duas ações.
9. EQUILÍBRIO – a capacidade de controlar mudanças na posição corporal.
10. PRECISÃO – a capacidade de controlar o movimento de intensidade e direção variada.

Existem seis capitais ativos para o exercício físico. São eles:

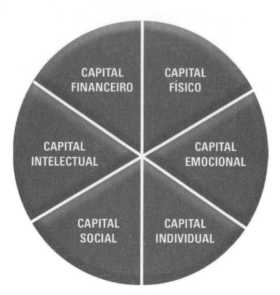

Quando você pratica uma atividade física, não é apenas a performance do seu corpo que melhora, mas também a sua performance emocional.

Um corpo em forma permite ter uma mente em forma, e um emocional mais estável.

Quando você está em dia com a sua saúde, consegue melhorar o seu "eu" e o "nós", ou seja, sua performance individual e social, e tem mais disposição e energia para as suas atividades.

Você começa a sentir a energia se expandindo para o intelectual, começa a buscar por conhecimento e vê esse resultado na sua vida financeira. Um ser mais enérgico pensa melhor, trabalha melhor, age melhor e consequentemente atinge uma performance melhor.

Como pode ver, o exercício físico vai além da saúde, é realmente um gatilho para exercitar os seis capitais ativos do seu sucesso.

Benefícios do exercício físico

- Diminui o risco de morte prematura;
- Diminui o risco de doenças coronárias;
- Diminui o risco de infarto;
- Diminui o risco de hipertensão;
- Diminui o risco de diabetes tipo 2;
- Diminui o risco da síndrome metabólica;
- Diminui o risco de câncer do colo do útero;
- Diminui o risco de câncer de mama;
- Benefícios gerais na perda de gordura corporal;
- Melhora o sistema cardiovascular;
- Melhora a densidade óssea;
- Previne quedas;
- Previne depressão;
- Melhora as funções cognitivas.

Critérios para a escolha dos exercícios físicos

- Acesso;
- Adaptabilidade;
- Dosagem e duração;
- Diversão;
- Feedback;
- Incentivos e motivações.

> **Lembre-se:** o melhor exercício é o que você mais gosta, no lugar mais perto, no horário que você pode.

Rotina produtiva

A rotina produtiva é fácil de explicar e de entender. É tudo aquilo que fazemos e que nos traz resultados. Aliás, o jogo não é o esforço, mas sim o resultado, a produção de algo valioso para a sociedade e para nossa vida.

Planejar uma rotina de produtividade começa com anotações, com planejamento exato. Em minha carreira como esportista, descobri que uma das maneiras mais eficientes de estabelecer e alcançar metas é começar por uma clareza absoluta do que se quer, e criar um plano para isso. Era comum eu deixar bilhetes espalhados pela casa, anotações em papéis com os meus objetivos. Logo em seguida, percebi que manter um diário, semanário e algo mensal melhorava cada vez mais meus resultados.

Eu conseguia ter mais clareza e ia mais a fundo em cada aspecto dos meus objetivos. À medida que os anos passavam, eu adicionava outros elementos, fazia perguntas e colocava uma lista de livros. Conseguia semana a semana e mês a mês. Fiz isso por décadas e continuo fazendo.

A seguir, seguem dez questões essenciais para uma rotina produtiva diária:

Algo que me motiva hoje é _____

Se eu pudesse descrever em uma palavra que tipo de pessoa eu gostaria de ser hoje, eu escolho _____

A pessoa que precisa de mim hoje é _____

A situação que pode me tirar do sério hoje é _____ _____ e a melhor maneira para eu não deixar que isso aconteça é _____

Uma pessoa que posso surpreender hoje é _____

Um resultado que provaria que sou uma pessoa em busca da alta performance é _____

Se eu fosse meu próprio treinador, diria a mim mesmo para me lembrar de _____

Minha grande conquista do dia de hoje é _____

As três prioridades do dia são _____

Uma mensagem do dia para mim seria _____

O que uma rotina produtiva vai fazer por você e pela sua vida:

1. Ela mostrará o que deve ser feito e o que não deve ser feito.
2. Organizará o seu dia e suas tarefas, trazendo mais resultados, tempo e satisfação.
3. Fará você usar melhor o seu tempo, os recursos disponíveis, e diminuirá em grande escala o que não é importante.
4. Trará clareza sobre as atividades que realmente geram resultados relevantes.
5. Eliminará a procrastinação.

Portanto, antes de começar o seu dia de trabalho, organize suas tarefas. Para melhorar esse processo, uma prática produtiva é fazer isso por semana, e não por dia. Prepare a sua semana e execute-a dia a dia.

Aqui estão as perguntas que você deve fazer para preparar a sua semana:

1. Quais são os projetos principais dessa semana?
2. Quais são os eventos principais em que devo e/ou minha equipe deve estar nessa semana?
3. Que coisas devem acontecer nessa semana?
4. Os prazos dessa semana incluem o quê?
5. Quais as melhores maneiras para eu atingir minhas metas nessa semana?
6. Qual a evidência de que minha semana foi um sucesso?

Rotina de aprendizado

Podemos aprender de maneira ativa e passiva. Não importa como, um ponto é certo, precisamos de foco e atenção. O aprendizado é um dos principais motores que movem o mundo. Nossa sociedade chegou aonde chegou por conta de todos os grandes aprendizados que mudaram o mundo.

Reserve um tempo do seu dia para aprender de maneira intencional. Você pode fazer isso por meio de:

1. Livros, cursos, palestras ou programas formais de aprendizado;
2. Conversas com pessoas, mentorias, reuniões e discussões;
3. Observação dos outros e do meio que o circula.

Pode ser que você prefira ouvir um podcast a ler um livro. Pode ser que você prefira conversar e debater a ter que apenas escrever e assistir. Cada um tem sua preferência, mas uma coisa é certa: conhecimento é poder.

Alguém pode ser mil vezes mais rico que você, mas não significa que seja mil vezes mais inteligente. Isso é um fato. E se alguém tem algo que você também quer ter, ou conquistou algo que você também quer conquistar, não significa que é o único que sabe de alguma coisa que você não sabe. E esse conhecimento não está guardado a sete chaves, muito pelo contrário, ele está disponível na sociedade. O que falta a você é o acesso a ele. E o conhecimento, por meio do aprendizado, é esse acesso.

Por isso acredito que conhecimento contínuo deve ser nosso ofício sagrado. Aliás, esse é o significado da palavra sacrifício – ofício sagrado. Uma pessoa pode levar todas as suas posses materiais, seus bens materiais, mas jamais, em hipótese alguma, poderá levar seu conhecimento.

Se você acredita que não consegue aprender, se acha difícil acessar novas informações e gravá-las em sua mente e deixá-las entrar no seu campo de conhecimento, quero lhe dizer uma coisa: eu também pensava assim quando era menino. E a verdade que sei hoje é que eu não era burro (como pensei que era), era apenas desatento.

Eu perdia meu foco facilmente. Hoje sei os motivos, que basicamente são estes:

1. Interesse em aprender apenas determinado assunto.
2. Utilização de apenas uma metodologia de aprendizado, a passiva.

Existem quatro maneiras que farão você aprender todos os dias, de forma ativa.

1. Escolha um assunto do qual você realmente precise saber no momento.
2. Converse com outras pessoas sobre esse assunto.
3. Procure um ambiente propício para que esse conhecimento se propague.
4. Faça uma abordagem simples, direta e objetiva.

Na escola somos apresentados para um modelo pedagógico cujo conteúdo está no centro. Na vida adulta, o aprendizado deve ser promovido por meio da andragogia, em que a pessoa está no centro. Isso é importante porque os nossos temas de interesses são determinados não por uma proposta ou ementa pedagógica, mas sim por itens que fazem parte do nosso autoconhecimento, que geram interesse e conhecimentos prévios do aprendiz, ou seja, nós mesmos. Esse formato de aprendizado é o adequado, porque ele gera conhecimento prático.

Escolher o que precisamos e queremos aprender é uma das nossas principais obrigações na vida adulta. A andragogia nos ajuda a aprender por três formas:

Aprender a aprender - *autodidatismo*

Aprender a aprender torna-se fundamental em uma sociedade que apresenta aos profissionais modernos o desafio da aquisição e da atualização constante de novos conhecimentos.

Aprender a ensinar - *didatismo*

É aprender a ensinar. Muitos dos grandes profissionais são bons professores. Lógico, do jeito deles, não importa, mas a mensagem é transmitida.

Aprender a conhecer - *construtivismo*

É aprender a conhecer. Esse processo metacognitivo confere ao indivíduo a possibilidade de desenvolver o conhecimento por meio da sua construção, em vez de apenas assimilá-lo pronto, finalizado. Trata-se de preparar o ser humano para produzir conhecimento numa perspectiva, e não apenas assimilá-lo e aplicá-lo.

Essa rotina de conhecimento passa, invariavelmente, pela rotina de autoconhecimento. Duas questões importantes sobre conhecimento:

1. O que leva qualquer coisa do difícil para o fácil é o conhecimento.
2. O que leva qualquer coisa da complexidade para a simplicidade é o autoconhecimento.

Minha jornada pela construção da alta performance na vida pessoal e profissional passou pela vontade ardente de entender como eu iria construir a minha riqueza. Eu queria ser rico por meio do meu trabalho com ações eficientes. Na minha busca, um dos principais instrumentos de estudo que encontrei foi o livro *Quem pensa enriquece*, de Napoleon Hill. E como você está aqui, acredito que já esteja convencido da sua extensa e profunda obra sobre gestão do conhecimento e atitudes em busca do sucesso. O livro em questão me ensinou e, acima de tudo, elencou as habilidade e atitudes que eu deveria ter para desenvolver a máxima performance no meu campo de atuação.

Nessa jornada da vida, muitas pessoas começam fortes, mas poucas terminam fortes. Eu gostaria que você mantivesse a frase a seguir em mente. Escreva-a agora em algum lugar para que possa ser lembrada a qualquer instante que precisar: NÃO PRECISA ACELERAR, BASTA NÃO PARAR.

Segundo Napoleon Hill, no livro *Quem pensa enriquece*, existem trinta motivos para que as pessoas fracassem por falta de capacidade e ação diante das adversidades. São eles:

1. Bagagem hereditária desfavorável. Pouco – ou nada – pode ser feito com aqueles que nasceram com uma inteligência diferente, e é por essa razão que o MasterMind faz um papel de absoluta força nesse aspecto. Um ponto importante é que, das trinta causas, essa é a única que é impossível de ser facilmente corrigida pelo próprio indivíduo.
2. Falta de um propósito de vida definido. De cada cem pessoas analisadas por Napoleon Hill, 98 – do grupo que se considera medíocre – não tinham objetivos.
3. Falta de ambição de estar acima da mediocridade. Não há esperança para quem seja indiferente a ponto de não fazer questão de crescer na vida, pagando o preço correspondente.
4. Formação insuficiente. Nível universitário não é garantia de sucesso; a formação, sim. Todas as pessoas fracassadas têm formação insuficiente, seja ela de maneira formal ou informal.

Nenhuma pessoa é paga pelo que sabe, mas sim por aquilo que faz com o que sabe.
5. Falta de autodisciplina. A disciplina é fruto de todos os vencedores. As pessoas medíocres não conseguem ter autodisciplina para as suas tarefas. Autodisciplina é fruto do autocontrole e de pensar com exatidão.
6. Saúde frágil. Ninguém atinge grande sucesso sem uma boa saúde. A doença tem muitas causas controláveis, como estas:
   a) Consumo em excesso de alimentos pouco saudáveis.
   b) Hábito de pensar negativamente.
   c) Mau uso ou excesso de sexo.
   d) Falta de exercício físico.
   e) Pouca oxigenação devido a dificuldades respiratórias.
   f) Padrão de consumir tabaco ou excesso de bebidas alcoólicas.
7. Influências ambientais desfavoráveis durante a infância. Nascer e conviver em ambientes desfavoráveis para as oportunidades de atingir sucesso na vida.
8. Procrastinação. Padrões de deixar tudo para depois e de se deixar levar pelas circunstâncias.
9. Falta de persistência. A maioria das pessoas que fracassam começa uma coisa, mas não termina. O fracasso não consegue enfrentar a persistência.
10. Personalidade negativa. Nenhuma pessoa bem-sucedida tem personalidade negativa. A cooperação faz parte do sucesso, e ninguém quer cooperar com uma pessoa de personalidade negativa.
11. Falta de controle do desejo sexual. A energia sexual é o mais poderoso dos estímulos à ação. Por ser a mais poderosa das emoções, o sexo deve ser controlado, pela transmutação, e direcionado para outros canais.

12. Desejo incontrolável de ganhos fáceis. O instinto que leva as pessoas a arriscar também as leva ao fracasso. Não existem ganhos sem nenhum esforço. O sucesso não aceita desaforo.
13. Falta de um poder de decisão bem definido. Pessoas bem-sucedidas tomam decisões rapidamente e levam tempo para mudar de ideia. Aqueles que fracassam custam a tomar decisões, mas mudam de ideia fácil e frequentemente. Procrastinação e indecisão são irmãs gêmeas.
14. Um ou mais dos seis medos básicos: medo da pobreza, de críticas, de doenças, de perder o amor de alguém, da velhice e da morte.
15. Escolha errada do parceiro (ou parceira). Essa é uma causa comum do fracasso. No casamento, o contato é muito próximo. Se não houver uma relação de harmonia, é provável que acabe mal. Além disso, essa forma de fracasso é marcada pela infelicidade e pela tristeza, destruindo todos os sinais de ambição.
16. Excesso de cautela. O excesso de cautela é tão prejudicial quanto a falta dela. Ambas as situações devem ser evitadas. A vida é cheia de oportunidades, e devemos estar abertos a todas elas.
17. Escolha equivocada de sócios. Muitas pessoas fazem sociedade com amigos como sendo o primeiro critério. Ter uma relação amigável é de fundamental importância para uma boa sociedade, mas apenas isso não é o suficiente. E é aí que a maioria das pessoas erra. Procure sócios inteligentes, entusiasmados, comprometidos e com conhecimento, sobretudo, que você não tenha, para gerar um efeito de adição no seu negócio. Apenas ser amigo não basta.
18. Superstição e preconceito. Superstição é uma forma de medo e um sinal de ignorância. As pessoas bem-sucedidas mantêm a mente aberta e não têm medo do que quer que seja.

19. Escolha equivocada da profissão. Ninguém pode ter sucesso em uma atividade de que não gosta. Escolha fazer algo com o qual se comprometa de corpo e alma. Gostar da atividade vai ser necessário.
20. Falta de esforço concentrado. Quem faz muitas coisas não faz bem nenhuma. Concentre seus esforços numa atividade definida.
21. Padrão de gastar indiscriminadamente. O gastador não chega ao sucesso por seu medo da pobreza. Habitue-se a economizar sistematicamente uma porcentagem do que ganhar. Uma boa conta bancária oferece base de segurança. Sem dinheiro, o indivíduo tem que se dar por feliz com o que lhe é oferecido.
22. Falta de entusiasmo. Sem entusiasmo é impossível ser convincente. Além disso, o entusiasmo contagia, e aquele que o tem sob controle costuma ser bem recebido em todos os grupos.
23. Intolerância. A pessoa que "fecha" a mente para determinados assuntos raramente progride. Intolerância significa recusar adquirir novos conhecimentos.
24. Imoderação. As formas mais prejudiciais de imoderação estão ligadas à comida, à bebida e às atividades sexuais. O exagero em qualquer desses aspectos é desastroso para o sucesso.
25. Incapacidade de cooperar. É grande o número de indivíduos que perdem o emprego e grandes oportunidades na vida por não saberem cooperar. São mais numerosos do que os que perdem o emprego e oportunidades por todas as outras razões juntas. Quando bem informado, nenhum homem de negócios ou líder tolera tal deficiência.
26. Poder não conquistado por esforço próprio (filhos de famílias ricas e outros que herdam dinheiro que nada fizeram para ganhar). Na maior parte das vezes, o poder nas mãos de quem

não o conquistou aos poucos é desastroso para o sucesso. A riqueza instantânea é mais perigosa do que a pobreza.

27. Desonestidade intencional. Honestidade não é sinônimo de virtude, mas sim de obrigação. Mesmo assim, ainda existem muitas pessoas desonestas. Mas não há esperança para aquele que é desonesto por opção. Mais cedo ou mais tarde ele será vítima da própria reputação.
28. Egoísmo de verdade. Essa característica funciona como um sinal vermelho para manter as pessoas afastadas. É desastrosa para o sucesso.
29. Arriscar em vez de pensar. As pessoas, em sua maioria, por preguiça ou indiferença, deixam de tomar conhecimento de fatos que lhes permitam fazer um julgamento acertado; preferem agir com base em palpites ou julgamentos apressados.
30. Falta de capital. Essa é uma forma de fracasso evidente para quem se aventura em um negócio, por exemplo, sem capital suficiente. É necessário ter uma reserva para os percalços no caminho e os erros comuns para sustentar os iniciantes até estes estabelecerem uma boa reputação.

Essa lista é extensa e profunda. Leia quantas vezes precisar e logo em seguida responda as seguintes perguntas com relação ao seu último ano. Elas trarão ainda mais clareza sobre o que é fundamental no seu processo de aprendizagem pessoal e profissional.

1. Alcancei as metas que estabeleci para mim neste ano?
2. Ofereci serviços/produtos da melhor qualidade possível, ou poderia ter feito melhor?
3. Melhorei minha personalidade? Em que aspectos?
4. Fui persistente, levando as tarefas até o fim em todas as ocasiões?

5. Tomei decisões rápidas e definitivas?
6. Fiz com que um ou mais dos seis medos básicos prejudicassem minha eficiência?
7. Agi com excesso ou falta de cautela?
8. Mantive um relacionamento agradável com meus sócios? Em caso de resposta negativa, a responsabilidade por isso é parcial ou inteiramente minha?
9. Desperdicei energia por falta de concentração de esforços?
10. Tomei alguma atitude contrária à minha consciência?
11. Qual é a minha avaliação atual em relação ao meu sucesso?

Rotina de conexão

Rotina de conexão é tão importante quanto as outras. Ela traz energia, significado e paz. A conexão é tudo aquilo que você gosta de fazer:

1. Você com você mesmo.
2. Você com os outros.
3. Você com o ambiente.

A alta performance anda de mãos dadas com a conexão, com tudo aquilo que traz a você alinhamento e senso de propósito. Aliás, não dê as costas para o seu propósito. Esse é um tema importante, mas confesso que gerou algumas dúvidas nas últimas décadas. Vou descrever esse fundamento de uma maneira simples e prática nas próximas linhas.

Antes de iniciar, CONHEÇA O QUE É PROPÓSITO PARA GRANDES PERSONALIDADES DO MUNDO:

> Se quiser ter uma vida plena, prenda-a a um objetivo, não às pessoas nem às coisas." (Albert Einstein)

> O objetivo da vida não é ser feliz, é ser útil, honrado, compassivo, fazendo com que nossa vida, bem vivida, faça alguma diferença." (Ralph Waldo Emerson)

> Essa é a verdadeira alegria na vida, ser útil a um objetivo que você reconhece como grande." (George Bernard Shaw)

> Todos os animais, com exceção do homem, sabem que o principal objetivo da vida é usufruí-la." (Samuel Butler)

> Todas as graças da mente e do coração se escapam quando o propósito não é firme." (William Shakespeare)

> Empenhar-se ativamente para alcançar determinado objetivo dá à vida significado e substância; quem quiser vencer deve aprender a lutar, perseverar e sofrer." (Bruce Lee)

> Sem a visão de um objetivo um homem não pode gerir a própria vida, e muito menos a vida dos outros." (Gengis Khan)

> Um objetivo na vida é a única fortuna valiosa que se encontra; não se deve procurá-lo em terras estranhas, mas dentro do coração." (Robert Louis Stevenson)

> Os bosques são adoráveis, escuros e profundos; mas eu tenho promessas a cumprir, e milhas a percorrer antes de dormir." (Robert Frost)

> Se o objetivo da vida não for aprender, a vida torna-se sem objetivo." (Ricardo Macena)

> Quando um sonho se torna um objetivo ele já começou a se realizar." (Ricardo Flores Casanova)

> A felicidade é o sentido e o propósito da vida, o único objetivo e a finalidade da existência humana." (Aristóteles)

> Seu propósito na vida é encontrar um propósito e dedicar a ele todo o seu coração e a sua alma." (Sidarta Gautama, o Buda)

> O propósito da vida é encontrar o maior fardo que você pode carregar e carregá-lo." (Jordan B. Peterson)

O que é propósito? Será que é a mesma coisa que legado?

Legado é o que queremos deixar para o mundo. Propósito é querermos atingir esse legado. Hoje fala-se pouco sobre legado e mais sobre propósito. Aliás, existe uma confusão nos dois conceitos.

Propósito é sua missão como ser humano. É o seu norte. Legado é o que fica na história.

O propósito está mais associado ao mundo interior: uma conversa consigo mesmo. O legado está mais conectado ao mundo exterior e às heranças (não necessariamente financeiras) deixadas para quem fica.

É possível ter um belo propósito e não deixar nenhum legado. É possível ter um belo legado sem ter um propósito definido. O propósito é o sentido por trás do plano. O legado é o resultado do plano.

O propósito definido é sustentado por quatro áreas:

1. Talento.
2. Coerência
3. Definição.
4. Legado.

As decisões tomadas hoje vão afetar a vida de pessoas que talvez ainda nem tenham nascido. A decisão de hoje vai afetar a vida de um filho que ainda nem nasceu, de um neto que ainda nem nasceu.

Não descobri o meu propósito, criei um para mim. Não tive tanta sorte de um dia descobrir por que nasci, o que vim fazer na Terra. Fui testando, validando; e olha que testei muita coisa.

Em 2007 tomei uma decisão muito difícil. Como atleta, nunca pensei em parar de nadar, nem quando piorei os tempos, nem quando perdi campeonatos. Mas em 2007, com 26 anos, no auge da carreira, já era professor universitário, fui treinador assistente, depois treinador-chefe. Mas não consegui ser excelente nas três áreas, por um motivo: estava fazendo as três coisas ao mesmo tempo. Não daria para ser campeão brasileiro, o melhor professor na universidade e o melhor treinador de natação ao mesmo tempo.

As três áreas manifestavam meu talento, mas não dava para atingir grandes resultados em todas elas com qualidade. E foi por isso que fiz uma escolha – encerrei a carreira de nadador. Acabou, fim, o ciclo se encerrou.

Não dá para esperar um resultado de 100% em uma área se você coloca 40% de esforço; não dá para esperar 100% de resultado se você coloca 75% de foco.

Para tomar uma decisão definitiva, tem que ter consciência, tem que ter lucidez e tem que ser irreversível. Uma decisão irreversível é uma decisão da qual não se volta mais.

> " Seu propósito na vida é encontrar um propósito e dedicar a ele todo o seu coração e a sua alma." (Sidarta Gautama, o Buda)

Isso foi dito há milhares de anos. A frase fez sentido para mim; propósito é escolher uma coisa a que vou dedicar meu coração, minha energia, minha alma.

Por que ficar esperando o propósito cair do céu? Por que ficar insistindo em acreditar que vai acordar e o propósito vai aparecer?

Gosto de um conceito do Jordan Peterson, que escreveu *As 12 regras para a Vida*, que diz: "O propósito da vida é encontrar o maior fardo que você pode carregar e carregá-lo!".

Nem todas as montanhas valem a escalada; algumas valem, outras não. Nem todas as batalhas valem a pena; a vida é um fardo, a vida é bucha, a vida tem um monte de coisa para carregar, e é você quem escolhe o que quer levar.

> **Você escolhe, você decide, portanto, é propósito definido. Um propósito baseado nas virtudes do seu talento."**

Quando decidi não mais ser atleta, escolhi um fardo para carregar, e esse fardo era ser professor, com todas as vantagens e desvantagens dessa decisão. O salário de um professor no Brasil, em geral, não só o de Educação Física, é baixo. A hora de trabalho de um professor de natação deve ser equivalente ao preço de um pastel na feira. Eu trabalhava para comer um pastel. Uma pergunta sempre pairava na minha mente: "Como faço para ganhar mais na minha carreira como professor?".

A resposta era "trabalhar mais". E foi isso que fiz desde então, trabalhar mais e, acima de tudo, melhor.

Você vai decidir transformar o seu talento e monetizá-lo, criando um plano para isso, ou vai ficar pulando de galho em galho?

O círculo do propósito definido

É uma roda de quatro níveis relacionados ao seu propósito definido. Você deverá dar uma nota de 0 a 10 de acordo com o nível de satisfação. Os níveis são:

1. Talento – no que sou bom, para o que tenho facilidade, qual é o meu talento? A primeira coisa para definir um propósito é saber no que você é bom. Depois de saber qual é o seu talento, procure fazer coisas que são coerentes. O que você é, o que pensa, o que sente e o que faz estão em alinhamento?

2. Coerência – coerência e alinhamento andam juntos. Não adianta querer uma coisa e fazer outra, não adianta pensar uma coisa e fazer outra, isso não é coerente. O que é ser coerente para você? O que faz sentido para você? Não é para ninguém, não é para os outros, mas para você.
3. Definição – penso como um jardineiro, mas trabalho como um carpinteiro. Pensar como jardineiro, semeando, regando o que plantou. Trabalhar como um carpinteiro, pegando a madeira, tirando as arestas, lixando, construindo. Quero mais, o meu trabalho, meu propósito, a prática. Quanto mais contribuo, mais quero contribuir.
4. Legado – não é uma coisa que você deixa apenas quando morre; é possível deixar enquanto vive. Falo com convicção, já deixei muita coisa vivo, deixei plantadas sementes lindas e maravilhosas em muitas pessoas. Não estou falando da internet; há décadas estou plantando meu legado, e continuo.

O CÍRCULO DO PROPÓSITO DEFINIDO

São questões como essas que nos trazem para o que há de melhor e mais profundo em nós, a nossa própria essência. Isso traz a conexão. Existe também outra questão, que é a relação entre propósito e missão.

Muitas pessoas têm esta dúvida: "Qual é o meu propósito de vida?". Mas a melhor pergunta é "Quem sou eu?", que está aliada às coisas que você valoriza e seus pontos fortes e fracos.

A partir da sua resposta você terá encontrado dois pontos. O que você ama fazer e as coisas que o incomodam e para as quais quer dar uma solução.

> Seu propósito de vida é ser você!
> Como você identifica o seu propósito de vida?

Em vez de perguntar qual é o seu propósito, pergunte-se: "QUEM SOU EU?".

O meu propósito de vida é ser quem eu sou, é agir, como me comportar, como ter identidade e valor.

> Primeiro, você se pergunta quem é.
> Segundo, você aceita quem é.
> Terceiro, você age para ser você.
> Seu propósito de vida é ser você, para você, por você; e sua missão de vida é ser você para os outros.
> Agora, me diga, quem é você?

Rotina de reflexão

"Nunca vá para a cama sem fazer um pedido para o seu subconsciente." Essa frase é maravilhosa e pertence a Albert Einstein. Ao final do nosso dia, a rotina de reflexão vai colocar os pensamentos no lugar. Refletir sobre o dia vai fazer muito por você:

1. Trazer à tona o que é importante.
2. Relembrar os pontos centrais do seu dia.
3. Reviver bons momentos e melhorar o seu estado emocional.
4. Refletir sobre pontos de melhoria, erros e questões ainda não resolvidas.
5. Trazer novos aprendizados e reforçar os antigos.

Fazer perguntas é uma das melhores maneiras de aprender. Nessa rotina de reflexão, ela é a base desse protocolo. Pergunta é um método antigo e eficaz. Sócrates era mestre nessa arte. Ele fazia tantas perguntas, e a partir delas refletia, que o método de fazer perguntas se tornou o que conhecemos hoje como MÉTODO SOCRÁTICO. Mesmo Sócrates não tendo deixado nada escrito, seu pupilo, Platão, escreveu e organizou sua metodologia.

O método socrático é, acima de tudo, uma técnica de investigação filosófica realizada em diálogos. Em sua essência, pressupõe que o professor conduz o aluno a reflexões. No nosso caso, também é possível fazer isso de maneira individual. Com perguntas simples e poderosas, é possível encontrar grandes revelações, como também contradições em nossos discursos e pensamentos.

Cinco benefícios que as perguntas podem fazer por nós:

- Explorar novas opções e oportunidades.
- Desafiar crenças limitantes.
- Identificar e superar bloqueios.
- Definir objetivos e planos de ação.
- Gerar motivação e comprometimento.

Os três aspectos para fazer perguntas corretamente são:

1. Estar totalmente presente – engajar-se no momento atual e no que está acontecendo agora. Isso significa total entrega ao que estamos fazendo. Nossa atenção, integridade, energia, estão focadas no que está se passando agora.
2. Escutar ativamente – a escuta ativa é o processo de estar presente. Na escuta, os elementos são:
   - Escutar para reter.
   - Reter para compreender.
   - Compreender para responder.

3. Momento certo (*timing*) – uma pergunta errada, realizada na hora errada e sem a menor sensibilidade, poderá gerar resultados indesejáveis.

Uma pergunta poderosa é aquela que faz com que uma pessoa:

- Pare de andar em círculos e descubra outros caminhos, opções e soluções.
- Seja conduzida a uma nova e transformadora compreensão de si mesma e dos acontecimentos.
- Perceba sua responsabilidade – e sua capacidade – de agir e mudar.
- Sinta-se encorajada a entrar em ação.

Uma pergunta poderosa contém seis elementos-chave:

1. Relevância – a pergunta propõe uma reflexão importante para o momento que a pessoa está vivendo?
2. Clareza – a pergunta é objetiva e de entendimento imediato?
3. Foco – a pergunta vai direto ao ponto? Ela toca em um aspecto crucial da situação que a pessoa está vivendo?
4. Conexão – a pergunta convida e desafia a pessoa a se conectar com um conhecimento que ela já tem, mas não conseguia acessar ou utilizar?
5. Estímulo – a pergunta é capaz de energizar a pessoa e chamá-la à ação?
6. Repercussão – a pergunta é capaz de gerar um efeito multiplicador? Ou seja, ela é capaz de levar a novas perguntas e novas respostas?

Características das perguntas poderosas

As perguntas poderosas apresentam três características:

1. Geram autoconhecimento.
2. Despertam o senso de responsabilidade.
3. Estimulam a consciência.

Exemplos de perguntas poderosas

Abrindo o caminho

- Qual é o seu sonho, meta ou aspiração na vida?
- Que resultados você quer alcançar?
- Como você vai saber que conseguiu isso?
- Quão importante é a realização disso para você?
- Onde você está agora, hoje em dia?
- Em que você gostaria de concentrar-se neste momento?
- Em que você precisa focar sua atenção?

Motivacional

- O que significa motivação para você?
- Pelo que você está realmente apaixonado(a)?
- O que vai lhe dar sensação de dever cumprido em longo prazo?
- O que mais o excita em relação a isso?
- O que a sua intuição está lhe dizendo?
- O que o seu coração está falando para você?
- Como isso se encaixa com os seus propósitos de vida?

Obstáculos

- O que está fora de alinhamento com seus valores fundamentais?
- Qual é a tentação à qual você está resistindo?
- Se não houvesse impedimentos e limites, o que você faria?
- O que o impede de enfrentar o medo?
- O que o está prendendo neste momento?
- O que o está impedindo de dar um passo à frente?
- Qual é o principal obstáculo no seu caminho que o está impedindo de obter êxito?
- Qual é a sua maior preocupação em relação a esse desafio?
- O que o medo significa para você?
- Quais os obstáculos que você vai ter que remover ou superar nessas circunstâncias?

Estímulo

- Qual é o principal desafio para você?
- O que o impede e o que o ajudaria a executar o seu melhor?
- Que decisão difícil você não está tomando?
- Quais são as possibilidades que você está evitando nessa situação?
- Quais são as partes que estão faltando para você?
- O que significa arriscar para você?
- Quais os desafios que você queria vencer, mas não consegue?
- O que não está claro para você agora?
- Que lição você aprendeu com isso?
- Qual é a sua responsabilidade nessas circunstâncias?

Execução

- Que medidas você está tomando?
- Qual é o primeiro passo para você ir em frente?
- O que você vai fazer a seguir?
- Que aprendizado você vai tirar dessa situação?
- O que é preciso de você quando as coisas ficam difíceis?
- Qual é o seu plano estratégico de ação?
- Qual é a sua fórmula de sucesso?
- O que vai mantê-lo concentrado em seus objetivos?
- Que direção vai tomar?
- Que esforços você fez até hoje?
- Quando você vai terminar isso? Programou datas?
- Como você vai medir e avaliar seu progresso?

Recursos

- Que tipo de apoio você vai precisar para definir suas metas e atingir seus objetivos?
- Quais pesquisas mais você precisa fazer?
- Que informação está faltando para você?
- Quais as falhas que você precisa sanar para poder avançar?
- Onde você pode saber mais e colher novas informações?
- Que recursos online irão ajudá-lo?
- A quem você pode recorrer para dar-lhe assistência?
- Que esforços reais serão requisitados de você?

Energia

- Como você pode ajudar a si mesmo para relaxar mais?
- Quais são as realizações de que você mais se orgulha?
- Como você pode introduzir mais lazer e distração na sua vida?
- Que padrão ou atividade saudável poderia relaxar você?
- Algum prazer do tempo de infância pode ser trazido para os dias de hoje?
- O que você pode fazer na sua vida para conseguir mais energia?
- Como é que vai recompensar-se por suas realizações?
- O que lhe dá grande prazer e felicidade?
- O que lhe dá mais tempo livre? O que lhe dá um sentimento de realização?
- Que qualidades únicas você tem?
- Quando você está no seu melhor, o que está fazendo?

Desafios

- Como é que você se mantém responsável por suas ações?
- Qual é o seu maior desafio nessa situação?
- Quais as áreas que mais representam desafios para você?
- O que o impede de alcançar seus objetivos?
- Como você vai medir o seu progresso?
- Que resultados você vai obter ao atingir seus objetivos?
- Quais são os benefícios reais ao atingir esses objetivos?
- Qual é a realidade da situação agora?
- Que padrões o estão confundindo e distraindo?
- O que significa honrar os seus valores?
- Que mudanças proporcionarão maior impacto a você?

- Como você pretende ficar comprometido(a) e focado(a) de hoje em diante?
- Numa escala de 0 a 10, quanto?

Confiança

- O que significa ter confiança para você?
- Quais são seus pontos fortes?
- Que qualidades significativas e importantes as pessoas apreciam e respeitam em você?
- Onde você contribui de forma eficaz e agrega valor para os outros?
- Quais as atividades que lhe dão muito prazer?
- O que significa verdadeiramente ser você mesmo?
- Qual a diferença e qual o reflexo que você causa no mundo?
- Quem e o que faz você realmente feliz?
- O que você faz que seja mais apreciado pelos outros?
- Qual é a melhor coisa que seu amigo mais próximo (ou amiga) diria sobre você?
- Se você soubesse que não poderia falhar, o que faria?
- O que significa colocar-se em primeiro lugar?

Foco

- Como você vai manter a unidade e o foco?
- Quais são as prioridades nas quais vai focar sua atenção?
- Como vai determinar o tempo para essas prioridades?
- Como vai monitorar e medir o seu progresso?
- Quais são os prazos para tomar essa decisão?

Rotina de recuperação

Essa é a rotina com a qual muitas pessoas não se preocupam, mas é a principal. Em outras palavras, uma bela noite de sono. Muitos dos problemas de ansiedade, energia, mal-estar e falta de produtividade no trabalho poderiam ser mitigados apenas com uma boa noite de sono.

Dormir melhora a performance, e o que poucos sabem é que o sono no meio do expediente também. Conhecido como Power Nap, esse protocolo traz muitos benefícios à saúde. A ciência tem evidências que corroboram essa afirmação. Pesquisas comprovam que existe uma correlação entre dormir vinte minutos e melhorar as funções cognitivas como memória, criatividade e capacidade de raciocínio. Não é de se estranhar que algumas empresas já adotem um setor em seus escritórios que se chama "área de descompressão". E por quê? Porque funciona.

> **Lembre-se: o sono é recuperação, e recuperação é performance.**

Mais alguns comentários sobre uma boa noite de sono:

1. O sono reparador melhora a função cognitiva.
2. O sono reparador melhora o foco.
3. O sono reparador diminui as chances de erros.
4. Cama boa, sono bom. Cama ruim, sono ruim.
5. Qualidade acima de quantidade.
6. Sono reparador é uma usina de energia.
7. Rotina melhora a qualidade do sono.

Checklist para um sono de qualidade

1. Você dorme com o quarto escuro?
   SIM ( )   NÃO ( )

2. Sua cama e seu colchão são de boa qualidade?
   SIM ( )   NÃO ( )

3. A qualidade do ar do seu quarto é boa?
   SIM ( )   NÃO ( )

4. Mantém a temperatura entre 18 e 22 graus?
   SIM ( )   NÃO ( )

5. A umidade do ar está entre 30% e 50%?
   SIM ( )   NÃO ( )

6. Você faz exercícios regulares?
   SIM ( )   NÃO ( )

7. Você tem uma rotina para dormir no mesmo horário?
   SIM ( )   NÃO ( )

8. Você usa substâncias que pioram seu sono?
   SIM ( )   NÃO ( )

9. Você toma algum tipo de chá antes de dormir?
   SIM ( )   NÃO ( )

10. Você se mantém hidratado durante a noite?

SIM ( )   NÃO ( )

11. Você faz autossugestão antes de dormir?
    SIM ( )   NÃO ( )

12. Você evita a luz azul (celular, tablet, computador) antes de dormir?
    SIM ( )   NÃO ( )

13. Quando precisa, escuta músicas relaxantes antes de dormir?
    SIM ( )   NÃO ( )

Se a maioria das suas respostas for SIM, parabéns, você tem um sono de qualidade.

O segredo para acordar cedo todos os dias

O segredo para acordar cedo não é a hora que você acorda, mas sim o horário em que vai dormir. E isso pode ser um desafio nos dias atuais. Existe um protocolo que quero dividir com vocês que funciona comigo. Ele se chama 3-2-1, e é feito da seguinte maneira:

3 horas antes de dormir, você não come.
2 horas antes de dormir, você não trabalha.
1 hora antes de deitar, você faz a sua preparação para dormir.

Esse processo vai melhorar o ritmo do seu ciclo circadiano. O ciclo circadiano é como se fosse um relógio interno que controla os períodos de sono e vigília. Ele funciona da seguinte forma: à meia-noite o corpo começa a ter mais produção de melatonina, você entra em sono profundo e a temperatura do corpo fica mais baixa. Às seis horas da manhã, o corpo começa a acordar, e é o fim da melatonina. Por volta do meio-dia o corpo começa a ter mais foco e concentração. Em torno das seis horas da tarde é quando a temperatura corporal está no seu nível mais elevado, e a pressão sanguínea também. Esse é o ciclo circadiano básico, mas claro que não funciona assim para todas as pessoas, pois cada uma tem um perfil biológico.

O psicólogo Michael Breus defende que cada pessoa tem um relógio biológico, baseado no comportamento de quatro animais: o golfinho, o leão, o lobo e o urso. Em sua pesquisa, ele encontrou o seguinte padrão entre as pessoas:

1. URSOS – 50% a 55%, são os extrovertidos, com energia, que tendem a dormir muito.
2. LEÕES – 15%, são os rigorosos, que acordam cedo.
3. LOBOS – 15% a 20%, são os viciados em café, que ficam acordados até tarde.
4. GOLFINHOS – 10%, são os insones, ansiosos, com sono leve.

Segundo Breus, conhecer o seu cronotipo ajuda a escolher quando fazer cada atividade, como estudar, exercitar-se, reunir-se, trabalhar etc.

Teste do relógio biológico, parte 1

Para as dez afirmações a seguir, marque "V" para verdadeiro ou "F" para falso.

1. Qualquer barulho ou luz o acorda ou impede de dormir.
   V ( )   F ( )

2. Comer não é um grande prazer para você.
   V ( )   F ( )

3. Costuma acordar antes que seu despertador toque.
   V ( )   F ( )

4. Não consegue dormir em aviões, mesmo com máscara e protetores auriculares.
   V ( )   F ( )

5. É muito comum ficar irritadiço por cansaço.
   V ( )   F ( )

6. Você se preocupa demais com detalhes.
   V ( )   F ( )

7. Foi diagnosticado por um médico ou já se autodiagnosticou como insone.
   V ( )   F ( )

8. Na escola, ficava ansioso com suas notas.
   V ( )   F ( )

9. Perde o sono remoendo o que aconteceu no passado e o que pode acontecer no futuro.

   V ( )   F ( )

10. É perfeccionista.

    V ( )   F ( )

Se você marcou "V" para verdadeiro em sete ou mais das dez questões anteriores, você é um golfinho. Caso contrário, prossiga.

Teste do relógio biológico, parte 2

Depois de cada uma das opções de múltipla escolha, você vai encontrar um número entre parênteses. Some esses números para obter sua pontuação final.

1. Se você não tivesse nada para fazer no dia seguinte e se permitisse dormir pelo tempo que quisesse, a que horas acordaria?
   a) Antes das 6h30. (1)
   b) Entre 6h30 e 8h45. (2)
   c) Depois das 8h45. (3)

2. Quando precisa acordar em determinado horário, você usa o despertador?
   a) Não preciso. Acordo sozinho na hora certa. (1)
   b) Sim, sem soneca ou com apenas uma soneca. (2)
   c) Sim, com um alarme reserva e várias sonecas. (3)

3. A que horas você acorda nos fins de semana?
   a) No mesmo horário dos dias da semana. (1)
   b) Em torno de 45 a 90 minutos depois do horário em dias da semana. (2)
   c) Noventa minutos ou mais depois do horário em dias da semana. (3)

4. Como você lida com o *jet lag*?
   a) Sempre sofro com ele. (1)
   b) Eu me adapto em menos de 48 horas. (2)
   c) Eu me adapto rapidamente, ainda mais quando viajo para o outro lado do mundo. (3)

5. Qual é sua refeição favorita? (Pense mais na hora do dia do que no cardápio.)
   a) Café da manhã. (1)
   b) Almoço. (2)
   c) Jantar. (3)

6. Se pudesse voltar no tempo e prestar vestibular de novo, em que horário preferiria começar a prova para ter foco e concentração máxima (e não apenas acabar logo de uma vez)?
   a) Logo de manhã. (1)
   b) No começo da tarde. (2)
   c) No meio da tarde. (3)

7. Se pudesse escolher qualquer horário do dia para praticar um exercício intenso, qual seria?
   a) Antes das 8h. (1)
   b) Entre 8h e 16h. (2)
   c) Depois das 16h. (3)

8. Quando você está mais alerta?
   a) Uma a duas horas depois de acordar. (1)
   b) Duas a quatro horas depois de acordar. (2)
   c) Quatro a seis horas depois de acordar. (3)

9. Se pudesse escolher uma jornada de trabalho de cinco horas, qual turno de horas consecutivas você preferiria?
   a) Das 4h às 9h. (1)
   b) Das 9h às 14h. (2)
   c) Das 16h às 21h. (3)

10. Você considera que...
    a) O lado esquerdo de seu cérebro é dominante, ou seja, você tem um pensamento estratégico e analítico. (1)
    b) Ambos os lados são equilibrados. (2)
    c) O lado direito de seu cérebro é dominante, ou seja, você tem um pensamento criativo e perspicaz. (3)

11. Você cochila?
    a) Nunca. (1)
    b) Às vezes nos fins de semana. (2)
    c) Se tirasse um cochilo, ficaria acordado a noite toda. (3)

12. Se tivesse de fazer duas horas de trabalho físico árduo, como mudar móveis de lugar ou cortar lenha, em que horário escolheria fazer isso para ter eficiência e segurança máxima (e não apenas para acabar logo de uma vez)?
    a) Das 8h às 10h. (1)
    b) Das 11h às 13h. (2)
    c) Das 18h às 20h. (3)

13. Em relação a sua saúde geral, qual afirmação combina mais com você?
    a) "Faço escolhas saudáveis quase sempre." (1)
    b) "Faço escolhas saudáveis de vez em quando." (2)
    c) "Tenho dificuldade para fazer escolhas saudáveis." (3)

14. Qual é seu nível de conforto em correr riscos?
    a) Baixo. (1)
    b) Médio. (2)
    c) Alto. (3)

15. Você se considera:
    a) Voltado para o futuro, com grandes planos e objetivos claros. (1)
    b) Moldado pelo passado, esperançoso em relação ao futuro e buscando viver o momento. (2)
    c) Voltado para o presente. O importante é o que é bom agora. (3)

16. Como você se caracterizaria como estudante?
    a) Excepcional. (1)
    b) Regular. (2)
    c) Preguiçoso. (3)

17. Quando acorda de manhã, você está...
   a) Alerta. (1)
   b) Zonzo, mas não confuso. (2)
   c) Entorpecido, com as pálpebras pesadas. (3)

18. Como você definiria seu apetite na primeira meia hora depois que acorda?
   a) Muito faminto. (1)
   b) Com fome. (2)
   c) Sem fome nenhuma. (3)

19. Com que frequência você sofre com insônia?
   a) Raramente, apenas quando estou me adaptando a um fuso horário diferente. (1)
   b) Às vezes, quando estou passando por um período difícil ou estou estressado. (2)
   c) De maneira crônica. Os períodos vêm em ondas. (3)

20. Como você descreveria sua satisfação geral com a vida?
   a) Alta. (0)
   b) Boa. (2)
   c) Baixa. (4)

Pontuação:

De 19 a 32 pontos: Leão.
De 33 a 47 pontos: Urso.
De 48 a 61 pontos: Lobo.

Conheça os perfis:

Golfinhos (10% da população)

Costumam acordar se sentindo pouco revigorados e ficam cansados até o fim da tarde, quando de repente entram no ritmo. São mais alertas tarde da noite e mais produtivos em momentos esparsos ao longo do dia. Geralmente são cautelosos, introvertidos e inteligentes.

Leões (de 15% a 20% da população)

Acordam ao nascer do sol ou até antes, começam a se sentir cansados no fim da tarde e pegam no sono facilmente. São mais alertas ao meio-dia e mais produtivos pela manhã. Costumam ser pessoas estáveis, práticas e otimistas.

Lobos (de 15% a 20% da população)

Têm dificuldade para acordar antes das nove horas da manhã, ficam confusos mentalmente até o meio-dia e só se sentem cansados depois da meia-noite. São mais alertas por volta das sete horas da noite e mais produtivos no fim da manhã e da tarde. Costumam ser impulsivos, pessimistas e criativos.

Ursos (50% da população)

Acordam depois de apertar o botão de soneca uma ou duas vezes, começam a se sentir menos cansados do meio até o final da tarde e dormem profundamente, mas não tanto quanto gostariam. São mais alertas entre o meio da manhã e o começo da tarde e mais produtivos no fim da manhã. Geralmente são simpáticos e descontraídos.

Independentemente do seu cronotipo de sono, o seu quarto precisa ser de alta performance para você ter uma boa recuperação. O livro *Biohacker's Handbook*, de Olli Sovijärvi, Teemu Arina e Jaako Halmetoja, tem a imagem do quarto de alta performance. Vale a pena conferir.

Veja quantos itens você pode utilizar para melhorar a qualidade do seu sono. Para auxiliá-lo, criei um protocolo para um sono de qualidade:

Checklist e protocolo para um sono de qualidade:

1. Durma com o quarto escuro, com uma cama e colchão de alta qualidade.
2. A qualidade do ar do quarto deve ser alta, mantendo a temperatura entre 18 e 22 graus.
3. A umidade do ar deve permanecer entre 30% e 50%.
4. Pratique exercícios regularmente.
5. Mantenha uma rotina para dormir no mesmo horário; não use nenhuma substância que piore seu sono.
6. Tome um chá (sem cafeína) antes de dormir.
7. Mantenha-se hidratado durante a noite.
8. Faça algum tipo de autossugestão antes de dormir.
9. Evite a luz azul antes de dormir.
10. Quando preciso, ouça músicas relaxantes antes de dormir.

Se você já cumpre alguns desses protocolos, anote aqui quantos itens marcou.

O clube das cinco da manhã

Essa é uma prática que acontece no mundo todo. As pessoas não acordam às cinco da manhã para trabalhar, mas sim para ter mais tempo. Muitas são as atividades que realizam: exercício físico, meditação, leitura, orações.

A rotina que foi mundialmente difundida por Robin Sharma também é muito forte aqui no Brasil. É uma rotina muito antiga. As vantagens são nítidas e simples, mas alguns pontos devem ser levados em consideração.

- Mais importante do que acordar às cinco da manhã é o horário em que você vai dormir.
- Se a pessoa chega em casa tarde da noite e leva muito tempo para dormir, dificilmente vai conseguir fazer parte desse clube, porque precisará de algumas horas de sono.
- A rotina faz com que você se acostume a acordar nesse horário, e isso trará benefícios maravilhosos para sua vida e produtividade.
- Comece devagar e avance.

As 5 regras para você ingressar no clube das cinco da manhã

1. Reserve um momento do seu dia; prefira antes do amanhecer. Se não tem vinte minutos disponíveis, você não tem vida.
2. Não é só porque você não se acostumou a acordar cedo na sua vida que não conseguirá agora. Não se dê desculpas.
3. Acordar às cinco da manhã é uma questão de treino. Dê chance ao padrão.

4. Faça o que 95% das pessoas não estão dispostas a fazer e alcance o resultado dos 5%.
5. Quando pensar em parar, continue. A consistência é o trunfo dos vencedores.

Meu protocolo 6Rs

Este é um capítulo extenso e profundo. Você tem em mãos uma ferramenta útil e confiável para colocar em prática e organizar seus pensamentos e planos mais importantes.

Vou compartilhar a minha rotina 6Rs com você. Esse é o protocolo que utilizo. Foi criado e melhorado por mim há décadas. Veja como funciona.

Rotina energética – a rotina que me coloca com muita energia

1. Acordar às cinco da manhã.
2. Treinamento físico (três vezes por semana, em jejum).
3. Banho gelado.
4. Afirmações de poder.
5. Meditação.
6. 500 ml de água alcalina.
7. Café preto sem açúcar.
8. 60 minutos de tempo de qualidade com meus filhos e esposa.

Rotina produtiva

1. Escrever minhas metas e planos do dia no Planner de Alta Performance.
2. Trabalhar nesse planejamento de maneira concentrada e no método Pomodoro, ou seja, foco absoluto durante 30 minutos com pausas de 5 minutos.
3. Manter meu escritório limpo e organizado.
4. Não permitir interrupções durante esse processo.
5. Focar na atividade-chave que garantirá meu resultado mais importante do dia – BIG WIN.

Rotina de aprendizado

1. Ir para o trabalho e voltar para casa ouvindo podcasts (nacionais e internacionais).
2. 60 minutos de leitura diária divididos em duas vezes de 30 minutos. Uma durante o almoço e outra à noite.
3. 20 minutos de atualização sobre meu mercado e indústria em blogs e sites especializados.
4. 1 a 2 vezes na semana gravar o meu podcast. Essa é uma das mais poderosas ferramentas de aprendizado. Aprendo enquanto converso com meus convidados.
5. Reuniões com membros do meu time.
6. Reuniões com meus sócios.
7. Reuniões com clientes.
8. Documentários, cursos e vídeos.
9. Aplicação 24/48/72. Conceitos simples eu tenho até 24 horas para aplicar. Conceitos que considero com complexidade mé-

dia, tenho até 48 horas. E conceitos com complexidade alta, tenho até 72 horas para colocar em ação.

Rotina de conexão

1. Tocar violão.
2. Assistir a um filme de comédia.
3. Tempo de qualidade com meus filhos e minha esposa.
4. Ligação para familiares e amigos.
5. Ir ao cinema e jantar com a Lalas (minha esposa).
6. Encontrar amigos ou fazer uma call com eles.
7. Caminhar na rua e/ou com as minhas duas cachorras (uma Border Collie e uma Golden Retriever).
8. Leitura.

Rotina de reflexão

1. Leitura sobre filosofia e espiritualidade.
2. As três perguntas de reflexão (O que aprendi hoje? O que deu certo? O que não funcionou no dia de hoje?).
3. Verificar como foi o meu dia.
4. Meditar.

Rotina de recuperação

1. Fazer minha autossugestão antes de dormir.
2. Preparar as luzes do quarto para o sono de qualidade. Pesquisas comprovam que um quarto escuro contribui na secreção de melatonina e GH, o que gera maior recuperação durante o período do sono.

3. Preparar a temperatura do quarto para o sono de qualidade. Pesquisas comprovam que uma temperatura entre 18 e 22 graus é melhor para a qualidade do sono.
4. Preparar a umidade relativa do ar para um sono de qualidade. Pesquisas mostram que existe uma relação entre a qualidade do sono e a umidade relativa do ar em torno de 30% e 50%.
5. 7 horas de sono ininterrupto.

Essa é a forma como cumpro a rotina do meu dia. Em alguns casos, raros, eu mudo; aos finais de semana e/ou quando existe alguma solicitação diferente. Mas é assim que se constitui o meu dia perfeito. Experimente essa prática por 30 dias. Sua vida nunca mais será a mesma.

Padrão Habitual n. 9: leitura
Hábito

por Napoleon Hill

Agora, vamos examinar a palavra "hábito".

O dicionário *Webster* oferece à palavra muitas definições, entre elas: "Hábito implica uma disposição ou tendência estabelecida *devido à repetição*; costume sugere o ato da repetição, em vez da tendência a repetir; uso (aplicado apenas a um grupo considerável de pessoas) acrescenta a implicação de longa aceitação ou durabilidade; tanto o costume quanto o uso em geral sugere autoridade; como fazermos muitas coisas mecanicamente, por força do hábito".

A definição do *Webster* oferece consideráveis detalhes adicionais, mas nenhuma parte deles chega perto de descrever a lei que fixa todos os hábitos; essa omissão deve-se, sem dúvida, ao fato de que a lei da força cósmica do hábito ainda não tinha sido revelada aos editores do dicionário. Mas observamos uma palavra significante e importante na definição do *Webster:* a palavra "repetição". Ela é importante porque descreve os meios pelos quais qualquer hábito começa.

O hábito da definição de propósito, por exemplo, torna-se um hábito apenas pela repleção do pensamento desse propósito, levando-se o pensamento à mente repetidamente; submetendo o pensamento *repetidamente* à imaginação com um desejo ardente de que seja realizado, até que a imaginação crie um plano prático para a realização desse desejo; aplicando-se o *hábito* da fé em conexão com o desejo, e fazendo isso tão intensa e repetidamente que a pessoa já se veja em posse do objeto de seu desejo, *antes mesmo de começar a obtê-lo.*

A construção de hábitos positivos voluntários demanda a aplicação de autodisciplina, persistência, força de vontade e fé, tudo isso disponível à pessoa que assimilou os dezesseis princípios precedentes desta filosofia.

A construção de hábitos voluntários é a autodisciplina em sua forma de aplicação mais elevada e nobre!

E todos os hábitos positivos voluntários são provenientes da força de vontade direcionada para a obtenção de fins definidos. *Eles se originam com o indivíduo*, não com a força cósmica do hábito. E devem ser fundamentados na mente por meio da repetição de pensamentos e hábitos, até serem tomados pela força cósmica do hábito e fixados, e depois disso eles operam automaticamente.

"Hábito" é uma palavra importante que se relaciona com essa filosofia de aprimoramento individual, pois representa a causa real da condição econômica, social, profissional, ocupacional e espiritual de todos os homens, na vida. Estamos onde estamos e somos o que somos por causa dos nossos hábitos fixos. E podemos estar onde queremos estar e ser o que queremos ser apenas ao desenvolver e manter nossos *hábitos voluntários*.

Assim, vemos que toda essa filosofia leva, inevitavelmente, ao entendimento e à aplicação da lei da força cósmica do hábito – o poder da fixação de todos os hábitos.

O propósito maior de cada um dos dezesseis princípios precedentes desta filosofia é ajudar o indivíduo a desenvolver uma forma de hábito particular, especializada, que é necessária como meio de permitir que ele *tome posse total da própria mente*. Isso também deve tornar-se um hábito.

Fonte: Napoleon Hill, *The Master-Key to Riches*. Willing Publishing Company, 1945, pp. 208-10. (Edição brasileira: *A chave mestra para as riquezas*. Porto Alegre: Citadel, 2023)

Padrão Habitual n. 10: sugestão
O poder da escolha

por J. Martin Kohe

O homem precisa entender que a coisa mais importante na vida é a própria VIDA. Portanto, tem como dever principal essa VIDA que ele tem. Se cuidar dessa vida, ela será como ele quer que seja. Se negligenciar a própria via, ela será algo que ele não quer que ela seja. Depois que o PODER UNIVERSAL dá ao homem a vida, cabe ao HOMEM ESCOLHER FAZER COM ELA O QUE ACHAR MELHOR.

Vamos lembrar um poema que encontramos algum tempo atrás:

Passarei por este mundo uma vez só
Qualquer bem, portanto, que eu puder fazer
Ou qualquer bondade que puder mostrar
A qualquer ser humano,
Que eu faça agora. Que eu
Não defira nem negligencie
Pois não passarei por este caminho de novo.

Henry Drummond

Portanto, permanece o fato de que, já que passamos pela vida APENAS UMA VEZ, devemos escolher fazer dela uma vida de autoconfiança, não de timidez; devemos escolher ter uma vida calma, em vez de inquieta; devemos escolher ter equilíbrio, em vez de confusão; devemos escolher aproveitar o máximo da vida para nós e para todos ao nosso redor, em vez de estragar a nossa vida e a dos outros. Temos o PODER DE ESCOLHER; VAMOS USÁ-LO DA MANEI-

RA MAIS HÁBIL. Ao usarmos nossa mente para ESCOLHER O MELHOR, veremos que a MENTE UNIVERSAL virá nos ajudar a escolher o MELHOR. Juntos, não há como falhar. TEREMOS SUCESSO!

Fonte: J. Martin Kohe. *Your Greatest Power* (Seu maior poder). Success Unlimited, Inc., 1953, pp. 59-61.

Texto n. 6

AUTODOMÍNIO

Em torno do ano 400 a.C., Sócrates, o sábio professor grego, disse uma frase que deve ter sido citada mais do que qualquer outra: "Conhece-te a ti mesmo". É muito aconselhável que realmente nos conheçamos, e sempre encorajo meus alunos a seguir o conselho desse grande homem. Contudo, apenas conhecer a nós mesmos não é o bastante. Devemos dar um passo adiante e dominar a nós mesmos. Conhecer-nos, claro, significa apenas isto: conhecer os traços bons e os ruins. E, às vezes, quando nos conhecemos, perdemos tanto respeito próprio que não nos sentimos incentivados a fazer nada que possa contribuir para o nosso bem-estar. Portanto, serei ousado o bastante para dizer que apenas se conhecer pode ser tão prejudicial quanto construtivo.

Os aprendizes da **Fórmula Mágica** são aconselhados a se conhecerem por um propósito específico. Eles são encorajados a se examinar com a mesma intenção com que um auditor checaria os registros de uma empresa; para descobrir recursos e deficiências. Depois que a auditoria foi concluída, e o relatório se encontra na mesa do chefe, o que este faz? Simplesmente ignora os dados, pois revelam uma situação que não muda? Não. Se ele for um bom executivo, não. Ele estudará o documento com a intenção de eliminar o máximo possível de deficiências e aumentar a quantidade de recursos. Um procedimento como esse é o que vai gerar crescimento. Em outras palavras, o auditor, numa pegada socrática de **"Conhece-te a ti mesmo"**, desenhará um esboço da empresa como ela é; o executivo vai procurar tirar o máximo desse desenho e melhorar a empresa.

Agora, você já está adiantado, tenho certeza. Sabe que estou prestes a sugerir que você, primeiro, conheça a si mesmo, e depois, a partir do que descobriu, conceba um plano de ação que lhe permitirá incrementar seus recursos – qualidades boas – e minimizar as deficiências – qualidades indesejadas. E, claro, você está certo.

A maioria das pessoas, mesmo sem conhecer este ou qualquer outro curso de desenvolvimento pessoal, sabe um monte de coisas que podem ser feitas para se ajudar; entretanto, muito poucas fazem isso. Por quê? Porque têm a sensação de que subir na vida significa abrir mão de muitas das coisas que agora proporcionam prazer, para fazer coisas que são trabalhosas, pouco interessantes e até entediantes. Tudo isso, claro, está completamente errado.

Tive a sorte de me associar com muitos homens e mulheres que estavam dando passos largos no caminho rumo à riqueza e fama. Vi que essas pessoas tinham entusiasmo, energia e **alegria**. Estavam ganhando muito da vida. E não estavam trabalhando tão duro quanto os preguiçosos que sempre se escondiam por trás de desculpas para justificar por que não estavam se saindo bem na vida.

Este texto trata do **autodomínio**, e com a mesma maneira ousada que os princípios dados até agora, nos textos anteriores. Você começará AGORA a ser mestre de si mesmo; depois, conforme progride, a compreensão do "porquê" ficará, certamente, muito clara.

Há cinco passos a seguir para ter autodomínio. Não enfatizarei a necessidade de seguir esses passos com cuidado e atenção, porque você já sabe os grandes benefícios que podem chegar até você com a aplicação desses princípios básicos.

PASSO 1. O primeiro passo a dar para ter autodomínio é ter respeito por si mesmo. Nenhum homem sem respeito por si pode sequer sonhar em ser mestre de si mesmo.

É trágico quando percebemos quantas pessoas ficam estagnadas porque perderam o respeito por si mesmas. Esses indivíduos, conscientemente ou não, acham que não merecem ter as boas oportunidades da vida, e agem de acordo. Talvez até façam umas tentativas irrisórias de obter sucesso, e toda vez que fracassam eles têm certeza de que não merecem ser felizes e bem-sucedidos.

Se você fosse chamado a perdoar alguém por alguma coisa que essa pessoa lhe fez, ficaria feliz em perdoá-lo, certo? Você perdoaria com a mesma alegria com que esperaria o perdão dos outros.

Há uma pessoa na qual nunca pensamos relacionada com o perdão: nós mesmos. Inicialmente, talvez pareça esquisito sugerir que você perdoe a si mesmo, mas conforme vai pensando nisso, você perceberá que o seu corpo é tão parte da humanidade quanto o corpo de outra pessoa; e se está certo perdoar o outro, está igualmente correto perdoar a si mesmo. Portanto, o Passo 1, neste texto sobre o autodomínio, é limpar o seu coração e a sua alma de todos os resquícios de má vontade que talvez você ainda guarde com relação a si mesmo. Saiba que errar é humano; que todo mundo já errou alguma vez, e em vez de ser impedido pelos seus erros do passado, tire lucro deles.

Antes de passar para o Passo 2, repita a seguinte afirmação lentamente, refletindo: "Eu limpei meu coração e minha mente de toda a consciência que tenho dos meus erros do passado. Eu cresci por meio desses erros e aprendi como me conduzir melhor no futuro. Até onde puder, ajudarei os outros a evitar erros similares. Tenho o maior respeito por mim mesmo, pois sei que a minha vida, daqui em diante, será gloriosa, e minha conduta merecerá a aprovação de todos com quem eu tiver contato. Por isso, agradeço humildemente".

PASSO 2. Medite por um instante sobre a palavra "autodomínio". Analise-a! Pense nela! O que ela significa? Autodomínio, como a palavra indica, significa dominar a si mesmo. Aquele que é mestre de si mesmo faz aquilo que quer fazer e evita fazer aquilo que não quer.

Dei a entender, anteriormente, que muitas pessoas evitam o autodomínio, pois pensam que sacrifícios demais serão necessários. Se refletir sobre a frase do parágrafo anterior, você verá que não é bem assim. Eu disse que o mestre fará aquilo que quiser fazer, e evitará **fazer aquilo que não quer**. Existe sacrifício nisso? É sacrifício abrir mão de algo que você **não quer fazer**? Veja, depois que você se torna mestre de si mesmo, cria um desgosto definitivo pelas coisas que retardam o seu progresso, prejudicam a sua saúde ou destroem a sua felicidade. Por muitos anos, fumei bastante. Eu fumava quanto queria, apesar de os meus amigos me encorajarem a não fazer isso. Continuei fumando, até que cheguei a um ponto em que não queria mais fumar, e então parei. Eu bebia um bocado, também. Não era um beberrão, e fiquei embriagado poucas vezes, mas bebia com certa frequência que poderia ter me levado a uma situação crítica. Não obstante todos os avisos acerca dos efeitos nocivos do álcool, continuei bebendo sempre que queria. Um dia, tive a sensação de que não queria beber mais, então parei porque quis parar. Isso foi algum sofrimento? Claro que não. Eu estava fazendo coisas que queria fazer. Neste momento, quero deixar claro que não estou ordenando nada com relação aos seus hábitos. Eles são seus, e você os manterá até quando quiser. Quando chegar o dia em que desejar largar seus hábitos, você fará isso como parte do seu autodomínio, e não porque os outros o influenciaram.

Então, no Passo 2, você chegará a um ponto de entendimento em que perceberá plenamente o que significa ser mestre de si mesmo.

PASSO 3. Você se lembra do Passo 1 do primeiro texto? Espero que sim! Era sobre DETERMINAÇÃO. Neste passo, usaremos essa determinação de maneira bem específica. Você vai determinar-se a ser mestre de si mesmo. Portanto, relaxe totalmente e repita o seguinte, lentamente, refletindo: "Eu sou o mestre dos meus pensamentos e das minhas atitudes. Meu futuro será meu para criar, e será um futuro brilhante, porque farei as coisas que me garantirão um futuro de saúde radiante, prosperidade e felicidade".

PASSO 4. Pegue uma folha de papel e trace uma linha bem no centro. Na metade da esquerda, liste pelo menos dez coisas sobre si que considera como característica negativa ou destrutiva. Do lado direito, liste cerca de dez das suas qualidades desejáveis, aqueles traços que você gostaria de manter e até incrementar. Pense com carinho ao fazer essa lista. Selecione cada item com cuidado. Quando tiver seus dez recursos e suas dez deficiências, estude-os segundo a ordem de importância. Talvez seja legal pegar outra folha de papel e reescrever as listas, colocando os itens mais importantes primeiro; primeiramente o pior traço, do lado negativo, e o melhor traço, no lado positivo, e assim por diante.

PASSO 5. Procure sentir um distanciamento de si mesmo. Ao estudar a lista feita no Passo 4, veja cada item do mesmo modo como faria ao dar instruções a um funcionário ou sócio. Você está aprendendo a se conhecer e já está **determinado** a ser **mestre de si mesmo**. Essa lista constitui o primeiro grupo de instruções organizadas que você dará a si mesmo. Não tenha pressa nisso. Planeje, com calma, na sua mente, exatamente como você alcançará cada um desses objetivos. Sugiro começar primeiro com o lado negativo, porque cada característica negativa que você elimina representa um passo definitivo rumo ao desenvolvimento pessoal.

Aqui vai uma instrução importante! Não comece a eliminar nenhuma dessas condições negativas enquanto não tiver alcançado o estado de espírito em que você **sabe que será mestre de si mesmo.** Tentar sem ter muita convicção quase certamente resultará em fracasso. Você deve estar com vontade de **querer** dissolver a condição que lhe foi prejudicial, e estar determinado a fazer isso.

Use seu discernimento para decidir se deve ou não tentar eliminar mais de uma característica negativa ao mesmo tempo. Seja guiado totalmente pelos seus sentimentos. Se você achar que terá mais sucesso lidando com uma coisa negativa por vez, faça isso. Se achar que pode lidar com mais de uma, ou até com todas de uma só vez, esplêndido! Mas lembre-se: não tente lidar com mais do que você consegue.

Com relação aos itens do lado positivo da sua folha, estes não precisarão de instruções especiais da minha parte. Dê uma olhada geral nesses itens e, com aquela sua determinação toda pronta para essa tarefa, pegue esses itens, sozinhos ou em conjunto, e se determine a incrementar essas qualidades desejáveis.

Neste ponto, devo sugerir que você remonte ao Passo 7 do primeiro texto. Nesse passo, você se decide a mostrar progresso contínuo. "Todos os dias, estou no meu caminho." Isso se aplica ao que você já obteve e ganhou neste texto tanto quanto se aplicava nos textos anteriores.

Sob circunstância nenhuma largue este texto antes que ele tenha se tornado parte de você. ELE É IMPORTANTE, cada palavra dele. Entre este ponto e o momento em que começar o Texto n. 7, passe alguns minutos, todos os dias, relendo este. **Pense bem enquanto lê**. Perceba que, tendo posse do **autodomínio**, você pode alcançar as alturas. Você encontrará oportunidades em cada esquina, esperando o seu convite.

Que você tenha alegria e paz!

Padrão Habitual n. 11: sugestão
Cinco maneiras incríveis de erguer-se dos desastres

por Dorothy Carnegie

1. Aceite o inevitável e dê chance ao tempo.
2. Tome uma atitude com relação aos problemas.
3. Concentre-se em ajudar os outros.
4. Use tudo que você tem de vida enquanto ainda a tem.
5. Seja grato por aquilo que você tem.

Fonte: Dorothy Carnegie, *Don't Grow Old – Grow Up!* (Não envelheça – cresça!). E. P. Dutton & Co., Inc., 1956, p. 40.

Padrão Habitual n. 12: leitura
Superando o ambiente

por Orison Swett Marden

Um provérbio espanhol diz que

> Aquele que vive com os lobos aprende a uivar".

Quem se associa constantemente com fracassados habituais, com o zé-ninguém, com os desleixados, os preguiçosos, os que não têm ambição, gente que não tem um propósito de vida que os absorve, tende a ser um fracassado também, pois essas pessoas deixam sua inferioridade indelével em toda vida que tocam.

Napoleon era supersticioso com relação a associar-se com fracassados. Ele nunca se relacionava com um homem azarado. Tinha um medo mortal de pessoas que nunca foram bem-sucedidas e falharam constantemente em suas empreitadas. Ele acreditava que a influência delas era sinistra.

É infinitamente mais fácil marchar com um exército ao som de uma canção inspiradora do que marchar sozinho. É mais fácil sustentar nossos padrões, manter nossos ideais brilhando quando estamos junto de pessoas que estão tentando fazer o mesmo. O entusiasmo e a sinceridade delas são contagiantes. É muito frequente vermos um jovem que nunca pareceu tentar fazer nada, que é preguiçoso e não tem metas, subitamente revolucionado por entrar em contato com um ambiente que incita à ambição. Os meninos do interior em geral se revelam quando vão para a cidade grande. Alguns são incitados pela primeira vez na escola ou na faculdade. Em outros, a fagulha da ambição é despertada por professores ou amigos que os entendem e veem neles o que talvez os próprios pais não tenham visto.

Fonte: Orison Swett Marden. *Success Fundamentals* (Os fundamentos do sucesso). Thomas Y. Crowell Company, 1920, pp. 145-46.

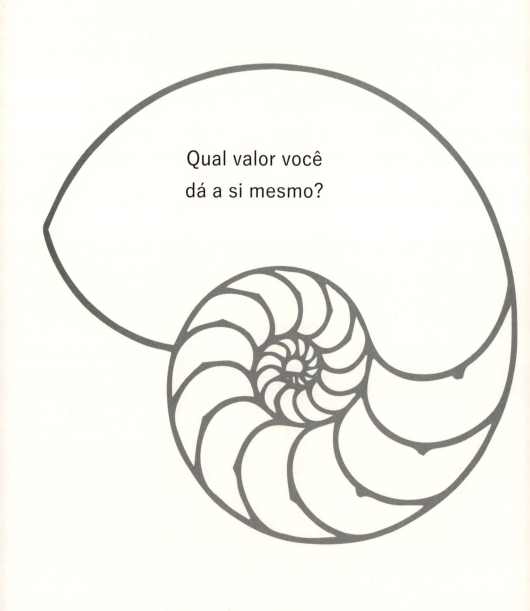

Texto n. 7

O REINO DO SUCESSO

O DINHEIRO é apenas uma ideia! Essa afirmação vai fazer você arquear as sobrancelhas e levantar questionamentos. Pensamos no dinheiro como algo real. Pegamos uma nota e a seguramos na mão, e sentimos que temos algo substancial. Na verdade, no que tange a valor estável, uma nota de dinheiro é tão flexível quanto um pedaço de borracha.

Para ilustrar a afirmação anterior, suponhamos que um quilo de batatas esteja sendo vendido por um real. Seu dinheiro valeria um real apenas com relação a um quilo de batatas. Agora, imaginemos que a batata aumentou de preço, para dois reais o quilo; sua nota de real valeria, então, apenas 50 centavos se comparada ao preço da batata. Isso se aplica à compra de qualquer coisa. O valor do seu dinheiro depende totalmente do valor colocado na *commodity* que você compra.

Isso, no entanto, não ampara a primeira afirmação feita, de que o dinheiro é apenas uma ideia; então vamos provar. Imagine que há dez pessoas numa sala e apenas uma delas tem dinheiro, e tem apenas um dólar. Vamos chamá-lo de Homem 1. Muito bem, o Homem 2 tem uma faca de bolso, que ele está disposto a vender ao Homem 1 por um real, e este a compra, e dá sua nota de um dólar ao Homem 2. O Homem 3 tem um livro que o Homem 2 deseja, então este o compra, e dá o dinheiro ao Homem 3. Isso continua até que o Homem 10 finalmente tem em mãos a nota de um real, mas nem mesmo ele fica com a nota. Ele compra alguma coisa do Homem 1 por um dólar e lhe devolve a nota original. Nessa sala, dez reais em transações ocorreram com apenas uma nota de um real.

Esse mesmo princípio se aplica ao comércio. Num ano, nos Estados Unidos, houve 150 bilhões de dólares de transações, com somente 4 bilhões em moeda.

O dinheiro dos Estados Unidos é lastreado em ouro.* Para todo o dinheiro impresso ou cunhado deve haver valor equivalente em ouro estocado nos cofres do governo. Mas o valor atribuído ao ouro é criado pelo homem. Não é decretado pela natureza. Na época em que escrevo este texto, o valor do ouro é 35 dólares por onça, e 35 dólares em dinheiro pode ser cunhado para cada onça de ouro em estoque. Imagine, por exemplo, que os legisladores de Washington desejem declarar o valor de 40 dólares por onça no ouro, então 5 dólares em dinheiro devem ser feitos a mais para cada onça de ouro estocado.

Imagine que, por algum motivo misterioso, a reserva de ouro dos EUA desaparecesse, e ninguém soubesse mais dela. Continuaríamos com o nosso dinheiro tendo o mesmo valor de compra que tem agora. Caso o desaparecimento do ouro viesse à tona, no mesmo instante o valor do dinheiro cairia para zero.

Não é minha intenção entrar numa discussão de economia – eu só queria pontuar a questão da irrealidade do dinheiro. Se você acompanhou o raciocínio até agora, concorda comigo que o dinheiro não é uma coisa material, mas um meio de troca baseado numa ideia aceita por toda a nação.

Foi apontado que o preço do ouro é um valor fixado pelo homem. Isso me leva a uma questão interessante e, talvez, inesperada: que valor você coloca em si mesmo?

---

*. Esse sistema durou até 1971. (N.E.)

Nosso valor material é baseado inteiramente no valor que colocamos em nós mesmos. Se você se valoriza em trezentos reais por semana e considera uma casa modesta o máximo que pode esperar da vida, não conseguirá nada mais que isso, porque é assim que você se avalia. Se o seu valor é de mil reais por semana e você se considera digno de uma boa casa, e tem certeza disso, vai abrir o caminho para essa situação.

Por ora, você já tem a impressão de que o que nos acontece na vida é um reflexo da atitude que temos conosco. E, antes de seguir adiante, certifique-se de entender o que quero dizer com atitude. Não me refiro ao desejo que você tem com relação a si mesmo. Isso não ajuda em nada. Refiro-me à visão que você tem de si mesmo. Você se enxerga como um sucesso? Se sim, está a caminho de ser um sucesso. Você se vê como detentor de um poder maior na sua cidade, estado ou país? Se sim, está a caminho de ter mais poder. Você se vê tendo um corpo jovem e ativo? Se sim, está ajudando a natureza a produzir um corpo como esse.

A ideia dominante deste texto é começar um processo de condicionamento da mente criativa para o sucesso. Três passos devem ser seguidos, e teremos um período de seis dias para fixar esses passos na sua mente.

PASSO 1. Durante os próximos dois dias, sempre que lembrar, repita consigo: "EU POSSO ser um sucesso". O movimento cria a emoção, e quanto mais você repetir essas palavras, mais perceberá que PODE mesmo ser um sucesso. E isso é importante! A maioria das pessoas que não tem sucesso não sabe dessa verdade. Elas não aprenderam que podem ser um sucesso. E é absolutamente necessário que você saiba que PODE ser um sucesso antes de realmente tornar-se um sucesso. Quando abrir os olhos pela primeira vez, de manhã, repita essas palavras mágicas. Muitas e muitas vezes, faça isso ao longo do dia.

E, principalmente, faça isso quando se retirar à noite para dormir, com as palavras fixas na mente.

PASSO 2. A começar no terceiro dia, e pelos dois dias seguintes, repita consigo frequentemente: "EU SEREI um sucesso". Apenas saber que você pode ser um sucesso, como você já sabe, não basta. Você deve usar a determinação que vem adquirindo para declarar que você SERÁ um sucesso. Não há dúvida na sua mente de que o sol vai se pôr à noite e nascer na manhã seguinte. Quando declarar para si mesmo que você SERÁ um sucesso, tenha certeza disso. Nem mesmo questione essa afirmação. Diga a si mesmo que você SERÁ um sucesso com a mesma certeza despreocupada que você usaria ao dizer: "Bom, acho que vou para a cama". Se você seguir este passo como indicado, ao final do segundo dia não haverá dúvida alguma na sua mente quanto ao seu futuro sucesso. VOCÊ SERÁ um SUCESSO.

PASSO 3. Quando uma pessoa é um sucesso? Quando tem todas as contas pagas? Quando tem mil reais? Quando tem cem mil? Quando tem um milhão?

Um homem é um sucesso no momento que adquire a consciência de que é um sucesso. Se tem dinheiro no banco, você sabe que pode assinar um cheque a qualquer momento que desejar usar o seu dinheiro. Quando você tem consciência do sucesso, isso é como ter dinheiro no banco, porque você sabe que, se quiser alguma coisa, tem o necessário para obtê-la.

Pois bem, você passou dois dias fixando a verdade na sua mente de que você PODE ser um sucesso, seguida pela sua determinação de SER um sucesso. Muito bem, visto que você PODE ser um sucesso e que SERÁ um sucesso, pode genuinamente dizer que VOCÊ É UM SUCESSO. Portanto, durante os próximos dois dias, diga consigo: "EU SOU um sucesso". Repita isso vezes e mais vezes, do momento em que acordar, pela manhã, até se recolher, à noite.

Não pense que apenas por fixar na mente que você é um sucesso o dinheiro começará a cair do céu, e que a Senhora Oportunidade começará imediatamente a bater à sua porta. Isso não acontecerá. Contudo, e eis a parte gloriosa desse protocolo: no momento em que a sua mente criativa tiver aceitado a ideia de que você É um sucesso, você terá uma sensação totalmente diferente da que tinha antes. Você saberá que o futuro é seu para fazer o que for, e que, com a sua nova atitude, será um futuro empolgante de conquista atrás de conquista.

Sendo um sucesso, a sua mente criativa, com suas faculdades de raciocínio independentes, o guiará para fazer as coisas que manifestarão o seu sucesso. Seus pensamentos serão construtivos. Se algum dia houve alguma dúvida na sua mente quanto à realização dos objetivos pelos quais você se decidiu enquanto estudava o Texto n. 4, essa dúvida, agora, foi solucionada. Você saberá, por instinto, que esses objetivos serão seus, e saberá o que deve fazer no intuito de torná-los uma realidade.

Antes de encerrar este texto, quero ter certeza de que você não interprete errado a intenção deste estudo. Os resultados, se você seguir o protocolo como deve, parecerão milagrosos. Mas a leitura deste livro não fará milagres. Permita-me explicar.

Há muitos que pesquisam todos os jornais e revistas em busca de concursos com grandes prêmios; alguns chegam aos milhares de dólares, bem como prêmios avaliados em somas consideráveis. Eles entram nos concursos e sonham, sonham com quão maravilhoso seria ganhar o maior prêmio – sem perceber que sua chance é de uma em um milhão ou até mais. Essas mesmas pessoas escutam todos os programas de rádio que oferecem prêmios enormes, sonhando com a alegria que viria se elas fossem as sortudas, entretanto, suas chances são menores ainda do que nos concursos.

Já me perguntaram se poderiam adicionar à lista ganhar um prêmio como um objetivo, e se este conhecimento adquirido ajudaria a ganhar prêmios. Minha resposta é sempre "não". E estou acrescentando isso a este texto para que você não faça a mesma pergunta.

Francamente, fico feliz de que a minha resposta seja "não" quando me perguntam isso. Fico feliz que a Fórmula Mágica não permite que as pessoas obtenham tudo que quiserem sem esforço. O ensinamento falharia terrivelmente em trazer aos interessados o mais valioso de todos os prêmios: a felicidade.

Já conheci crianças que vieram ao mundo em berço de ouro. Elas nunca souberam o que é viver numa casa que não fosse lotada de serviçais. Nunca souberam como é viver sem carros caros e motoristas. Nunca souberam como é não ter um closet enorme cheio de roupas finas. O que essas pessoas poderiam obter que as faria felizes, principalmente considerando-se que ou elas têm tudo ou podem ter tudo que quiserem?

Se você pudesse ter qualquer coisa que quisesse apenas movendo uma varinha mágica, nada lhe seria interessante.

A conquista traz grandes emoções para a vida, ao se obter as coisas pelos seus esforços. A diversão, ao jogar um jogo, vem de ganhar por meio da habilidade que você usa. Se você vencesse todo jogo que jogasse, perderia o interesse em jogar. Você pode estudar um jogo para vencer mais do que perder, e, nesse caso, a empolgação vem do fato de que, pelos seus esforços, você ganha mais do que perde. Se fosse somente pela sorte, você teria muito menos alegria ao vencer.

A Fórmula Mágica lhe ensina a ser mais habilidoso ao jogar o jogo da vida. Seguir os princípios lhe mostra como elevar-se às alturas, como ser líder, como fazer amigos que sejam pessoas iguais a você, como ter melhor saúde e viver por mais tempo e, acima de tudo, como ter a sensação inestimável de contentamento e felicidade extrema. E essa felicidade é sua porque VOCÊ é o responsável pela escalada, e mais ninguém.

Você está, agora, a meio caminho no estudo da Fórmula Mágica para o desenvolvimento pessoal. Cada texto deve ter trazido resultados tremendos, especialmente **este**. Se você seguiu todas as instruções, agora deveria estar diante de uma vida mais gloriosa do que jamais visualizou nos seus sonhos. Se isso não tiver acontecido totalmente, e você sente isso pela vontade de avançar nas lições, e talvez não tenha parado para fazer tudo que foi sugerido, por que não começar tudo de novo? Você perderá apenas sete semanas fazendo isso, e suas recompensas serão incríveis!

Revendo os textos anteriores, você ganhará mais ainda do que quando os leu pela primeira vez. Com o seu desenvolvimento, os princípios farão ainda mais sentido para você do que antes. Portanto, meu caro leitor, a não ser que você tenha chegado àquele ponto de êxtase em que tem certeza de que há uma vida empolgante à sua frente, **pelo seu próprio bem**, siga o meu conselho e comece tudo de novo.

Que você tenha alegria e paz!

Padrão Habitual n. 13: prática
A Fórmula R2A2: como reconhecer, relacionar, assimilar e aplicar princípios de sucesso

por Napoleon Hill

Sua habilidade de reconhecer, relacionar, assimilar e usar os princípios da Atitude Mental Positiva lhe darão o poder de abrir qualquer porta, enfrentar qualquer desafio, superar qualquer obstáculo e alcançar riqueza, saúde, felicidade e as verdadeiras riquezas da vida.

O Curso da Ciência da AMP de Sucesso é composto por dezessete princípios fundamentais que passaram pelo teste do tempo. Eles podem ser comparados a uma orquestra composta de diferentes setores – cordas, metais, madeiras e percussão – que complementam um ao outro e produzem um som melodioso, cheio e agradável. Pense em você como o maestro da sua orquestra de princípios de autoajuda. A habilidade de reconhecer, relacionar, assimilar e aplicar os princípios da AMP é a sua batuta. Use-a para reger todos os dezessete princípios numa sinfonia de sucesso – uma vida significativa e produtiva.

Como qualquer fórmula, a fórmula R2A2 é feita de partes individuais. Vamos analisar cada ingrediente.

- Reconhecer: identificar o princípio, ideia ou técnica.
- Relacionar: conectar ou juntar; estabelecer uma relação com a sua vida.
- Assimilar: tornar similar ou igual; incorporar, absorver, fazer de algo parte do seu pensar e do seu agir.
- Aplicar: dar seguimento e tomar atitude.

Cada ingrediente da fórmula é importante e tem significado especial; quando combinados, eles o levarão ao sucesso. Usando a fórmula, você será capaz de focar o holofote nos princípios de sucesso que direcionaram e guiaram Napoleon Hill e muitas outras pessoas de sucesso para alcançar seus objetivos. Os mesmos princípios o ajudarão a alcançar os seus maiores objetivos definidos na vida.

Como desenvolver o hábito de usar a Fórmula R2A2

Primeiro de tudo, você precisa de um reflexo mental de sucesso, uma frase gatilho que imediatamente direcione a sua mente quando você reconhecer um princípio, uma ideia ou técnica de sucesso.

Exemplo:

Reconhecer: eu reconheço o princípio, a ideia ou a técnica que está sendo usada. Isso ajudou alguém – posso ver os resultados – e funcionará para mim, caso eu use. "Isso é para mim!"

Relacionar: pergunte-se "O que esse princípio, ideia ou técnica de sucesso fará por mim?". IMPORTANTE: você deve relacioná-lo a você. Comece com a pessoa mais importante quando se trata da sua vida: VOCÊ.

Assimilar: "Como posso usar princípios, ideias ou técnicas para alcançar meus objetivos ou resolver meus problemas? Como posso incorporá-los ao meu comportamento, para que se tornem parte de mim? Como posso desenvolver um hábito de sucesso – um reflexo de sucesso para que a coisa certa seja feita?".

Aplicar: "Que atitude vou tomar? Quando vou começar?". Faça essas perguntas importantes a si mesmo e siga com este gatilho: FAÇA AGORA MESMO! SIM, COMECE AGORA MESMO!

A Fórmula R2A2 deveria ficar tão arraigada na sua mente a ponto de você reconhecer princípios, ideias ou técnicas de sucesso ao ouvir um discurso ou uma fala inspiradora, ao ler um jornal ou artigo de revista, ou livro de autoajuda, ou ao estudar a vida de grandes homens e mulheres. **Lembre-se: desenvolva e use seu reflexo de sucesso buscando maneiras de dizer "Isso é para mim!".**

Fonte: Napoleon Hill, *PMA Science of Success* (AMP – ciência do sucesso). Educational Edition. The Napoleon Hill Foundation, 1984, pp. x-xi.

Padrão Habitual n. 14: sugestão
Sucesso ou fracasso? Você decide

por Erna Ferrell Grabe e Paul C. Ferrell

A pessoa que habitualmente mantém um sentimento de esperança, expectativa e desejo tem muito mais "chance", digamos, de sucesso do que a pessoa que é mórbida e desanimada. Aqueles atributos são fatores que contribuem – porém, não são suficientes em si para estabelecer o sucesso. Na verdade, é a soma total das atitudes mentais do homem, bem como seus atributos mentais, que faz da vida dele um sucesso ou um fracasso.

Fonte: Erna Ferrell Grabe e Paul C. Ferrell, *The Sub-Conscious Speaks* (O subconsciente fala). DeVorss & Co., 1932, p. 49.

Texto n. 8

A VARINHA MÁGICA

Por ora, você já deve saber que esta parte do livro não ganhou esse nome à toa. Se você seguiu as sugestões conforme foram dadas, tem de concordar que essa é uma Fórmula Mágica, ou pelo menos os resultados que vêm dela são como mágica. Neste texto, você receberá uma ferramenta mental de tamanha serventia que talvez a queira batizar de **varinha mágica**. Usando-a, você poderá garantir que terá sucesso em praticamente todos os seus empreendimentos.

Em certa época, numa cidade do centro-oeste, eu estava conduzindo uma série de palestras para um grupo amplamente composto por homens que atuavam na área da engenharia. O princípio prestes a ser revelado foi dado a eles. O entusiasmo tomou conta daqueles homens com mentalidade de engenheiro, porque, como eles mesmos diziam, era a primeira vez que encontravam uma fórmula de sucesso baseada nos princípios da engenharia do som.

Às vezes, para chegar a uma fórmula para o sucesso, temos que analisar o fracasso para determinar por que fracassamos, e por meio do fracasso podermos, quem sabe, descobrir por que falhamos e o que pode ser feito para evitar fracassos futuros. Há três motivos principais para o fracasso. O primeiro é a falta de um objetivo bem definido. Isso pode ser um pouco difícil de entender no começo, mas conforme pensamos começa a ficar bem claro. Muitas vezes, a pessoa pode estar descontente com o que tem e talvez tome certas atitudes para melhorar as condições, mas ela não tem certeza do que realmente quer. Um caçador não obteria muita caça se apenas disparasse sua arma numa direção em que pode haver animais ou pássaros selvagens. Pouco provável. Ele espera até ver o que quer e então mira com muito cuidado.

O segundo motivo mais comum para o fracasso é a falta de consideração dos obstáculos que podem estar entre a pessoa e o objetivo. Ela pode até decidir o que realmente quer e dar passos rumo a obter isso, mas depois que começa encontra obstáculos que não tinha antecipado, que bloqueiam o progresso e, em muitos casos, causam um fracasso completo.

O terceiro motivo para o fracasso frequente é um plano de ação defeituoso; um plano que não levou todos os obstáculos em consideração. Portanto, quando estes são encontrados, o plano fracassa.

Suponha que um grupo de investidores resolva inserir um novo carro no mercado. O que eles fariam? Eles não se contentariam com a simples ideia de projetar "um" carro. Não, eles determinariam que tipo de carro iriam querer projetar, se seria dos mais caros, ou dos mais baratos, ou algo intermediário. Esse pode ser considerado o primeiro passo, ou o **objetivo**.

Depois de se decidirem quanto ao tipo de carro, antes de fabricá-lo, irão refletir muito sobre todos os problemas que devem ser resolvidos ligados à fabricação e à venda do carro. É preciso considerar a localização da fábrica, o equipamento necessário, depois a disponibilidade de materiais deve ser levada em conta. Contudo, a fabricação não é a única questão. Os investidores precisam ter certeza de que há um mercado para o carro, e têm que saber como abordá-lo. Então seria feito um estudo das condições do mercado, que inclui uma pesquisa de toda a concorrência com que teriam de lidar. Todo esse estudo, essa investigação preliminar, pode ser considerado como o segundo passo, ou o que vem entre os objetivos e o **plano de ação**.

Nesse caso, o plano de ação incluiria tudo que é necessário para iniciar a produção em si, e também as vendas e o procedimento de divulgação que agitaria os mercados descobertos na pesquisa anterior.

Esse exemplo pode parecer bem complicado, e, aparentemente, não dá indicação alguma do valor da **varinha mágica** quando usada para objetivos muito simples, do dia a dia.

Primeiro, vamos reduzir essa **varinha mágica** a um princípio concreto, depois aprenderemos a aplicá-la em todos os nossos desejos, sejam menores, sejam maiores. A **varinha mágica** consiste em:

1. **Desejo.** Com isso, refiro-me àquilo que você quer ter ou alcançar. E o desejo deve ser específico, não geral. Saiba exatamente o que você quer. Pode ser um emprego melhor, um negócio próprio, amigos, um esposo ou esposa. Na verdade, o desejo pode incluir qualquer coisa que você acredita que está entre você e a sua felicidade.

2. **Intermediários.** O intermediário é qualquer coisa que se encontre entre você e o seu desejo. Às vezes, esses intermediários recaem na categoria de resistências ou obstáculos, ou, como era o caso no exemplo que demos, informações que deviam ser reunidas antes de desenvolver um plano de ação. Essa segunda seção da varinha mágica talvez seja a mais importante de todas, pois justamente por ignorar alguns ou todos os intermediários é que existem tantos casos de fracasso.

3. **Plano de ação.** Neste ponto, você já passou na minha frente. Por instinto, você sabe que o plano de ação é um plano baseado na consideração total de todos os intermediários.

Se você estudar qualquer caso de fracasso que conheça, é bem provável que descubra que o fracasso resultou de não saber quais eram todos os intermediários. Em outras palavras, o plano estava incompleto. A ação começaria e fracassaria por causa da falta de informação adequada, ou quando um obstáculo inesperado fosse encontrado.

É fácil ver como o plano que delineamos aqui aumentará a chance de sucesso e minimizará a de fracasso.

Seria útil usar essa **varinha mágica** em alguns desejos que imaginarmos.

Imagine, por exemplo, que o seu desejo seja tornar-se um arquiteto que projeta casas modernas. Você sempre se interessou por casas e acredita que tem a habilidade de criar uma casa que será muito mais atrativa do que as atuais.

Pois bem, vamos lidar com essa questão como faria um engenheiro. Já lhe contei que um grupo de engenheiros aprovou com louvor essa **varinha mágica**, e eis o motivo: ela é usada exatamente do mesmo jeito que um engenheiro usaria na profissão dele. Se lhe requisitassem que projetasse, digamos, uma fábrica, o que ele faria? Ele não se sentaria com os pés em cima da mesa, soltando aneizinhos de fumaça, e então projetaria a fábrica. Não, ele trabalharia em sua prancheta e, com um conjunto de instrumentos, colocaria suas ideias no papel. Porém, antes de planejar a estrutura, consideraria os intermediários, que incluiriam as condições do terreno e o que deve ser feito antes de iniciar qualquer construção. Talvez seja preciso nivelar o terreno, elevar ou escavar. Ele não abarrota a memória com nenhum intermediário, mas os coloca no papel, para poder estudá-los. Na verdade, deve considerar cada um dos intermediários antes de poder sequer começar a planejar a estrutura.

Portanto, segundo o procedimento do engenheiro, vamos, igualmente, fazer uma lista dos nossos intermediários, para que, ao desenvolver um plano de ação, sejamos capazes de visualizar todas as condições que devem ser consideradas.

Acompanhando o diagrama, você perceberá que, no topo, listei como desejo "Tornar-se arquiteto". Na coluna dos intermediários, incluí itens como "falta de conhecimento", "falta de experiência", "falta de tempo" etc. Agora, olhando para esses intermediários, repare como é simples criar um plano de ação que incluirá todos eles. Se você fosse tentar manter todos em mente, isso pareceria muito mais complicado. E não só isso: ao tentar criar um plano de ação sem ter todos os intermediários à sua frente, seria fácil demais negligenciar um deles, ou mais, o que deixaria o seu plano de ação defeituoso e muito propenso ao fracasso.

Nas aulas em que ensinei psicologia criativa, depois de falar da varinha mágica, os alunos costumavam dizer: "Isso é uma boa para quem sabe o que quer, mas o que fazer quando a pessoa não sabe o que quer?". A varinha mágica mostrará que é muito mágica nesse caso, tanto quanto nos demais. Sob tais circunstâncias, o seu desejo é justamente ter um objetivo, não é mesmo? Pois bem, escreva que esse é o seu desejo e faça como acabamos de fazer. Liste todos os motivos e os intermediários que o impedem de alcançar esse objetivo. Sem dúvida, você pensaria em muitas coisas que gostaria de fazer ou ter, caso estivesse em uma situação diferente daquela em que está. Nesse caso, liste as coisas que podem estar prendendo você onde está, e então estará em posição de criar um plano de ação satisfatório que lhe permita determinar qual objetivo gostaria de alcançar.

Haverá momentos em que o desejo parecerá tão grandioso que seria impossível alcançá-lo usando a varinha mágica. Não é bem assim, claro, mas, para simplificar o procedimento, divida o desejo maior em vários desejos menores. Em seguida, aplique a varinha mágica a cada desejo menor, até finalmente ascender para o seu desejo maior. Por exemplo, se o seu desejo maior fosse obter distribuição nacional para um produto novo, em vez de pensar nisso como um todo, você poderia pensar em territórios menores, como desejos menores, e expandir até alcançar seu desejo ou objetivo maior.

Que você tenha alegria e paz!

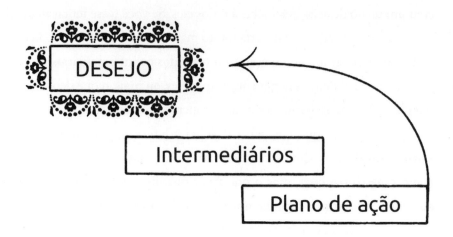

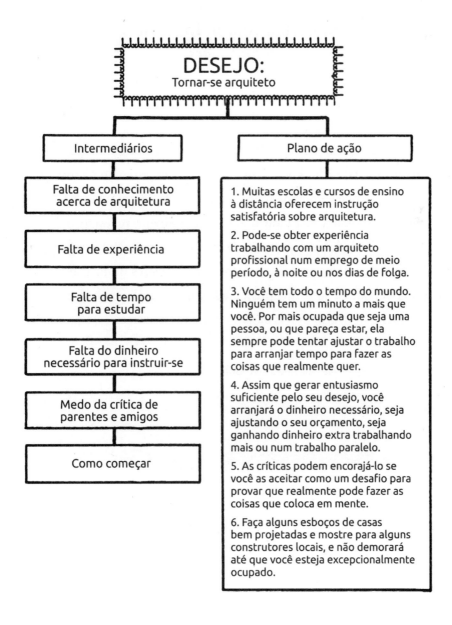

Padrão Habitual n. 15: leitura
Escravos da sugestão

por Emile Coué

Desde o nascimento até a morte, todos somos escravos da sugestão. Nosso destino é decidido pela sugestão. Ela é uma tirana poderosa, da qual, a não ser que tomemos tento, somos meros instrumentos. Contudo, está em nosso poder virar o jogo e disciplinar a sugestão, e direcioná-la para o lado que queremos; então ela se torna autossugestão: tomamos as rédeas nas mãos e nos tornamos mestres do instrumento mais incrível que se pode imaginar. Nada é impossível para nós, exceto, claro, o que é contrário às leis da natureza e do universo.

Fonte: Emile Coué, *My Method* (Meu método). Doubleday, Page & Company, 1923, p. 6.

Padrão Habitual n. 16: leitura
Hábitos

por Douglas Malloch

Eu vi um riacho entre os montes,
Que qualquer homem pode atravessar;
Eu vi onde ele enche o vale,
Onde a água, raivosa, salta e pula;
E então eu sussurrei: "Suponho eu
Que é assim que cresce um hábito".

Lembre-se sempre, meu filho,
Que um hábito cresce como um rio.
Assim que se faz um ato;
Pensamos o mal, sonhamos o mal,
Antes mesmo de cometê-lo;
Nós formamos os nossos hábitos.

Oh, pensemos e ajamos bem
Enquanto olhamos para o passar dos anos,
Porque a idade é como as cataratas
Todo jovem é como um riacho.
Se você está do lado do mal
Volte atrás, antes que esse rio cresça demais.

Fonte: Douglas Malloch, *Be the Best of Whatever You Are* (Seja o melhor no que você é). The Scott Dowd Company, 1926, p. 19.

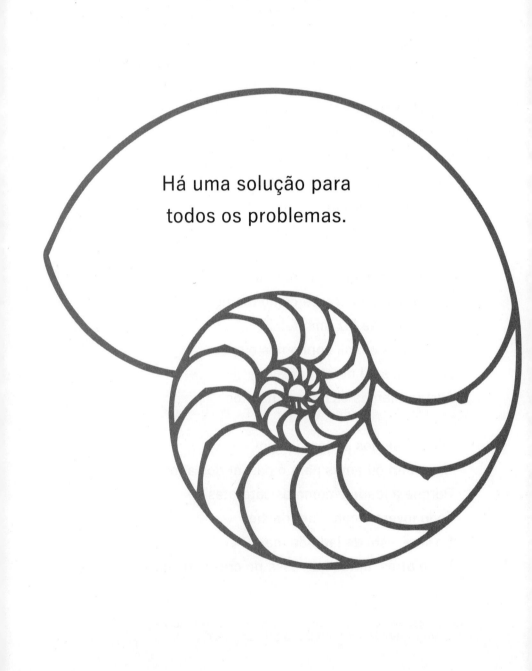

Texto n. 9

COMPLEXOS PSICOLÓGICOS

Timidez, preocupações, medos, fobias e complexos talvez causem mais dor e angústia do que muitos dos mais graves sofrimentos físicos. Se algum desses destruidores de felicidade está atrasando você, este texto chegará trazendo boas-novas.

"Pau que nasce torto nunca se endireita", sempre ouvimos dizer, e claro que é verdade. Pode-se dizer, também, que as inclinações psicológicas dos adultos resultam da maneira como a mente é "entortada" durante a infância. Muito poucas dessas condições são adquiridas depois que a pessoa chega à idade adulta. Certos pensamentos são implantados na mente subconsciente de uma criança e levados, e acrescentados, à idade adulta.

Pense na timidez por um instante. Quantos adultos você conhece que a adquiriram depois de alcançar a maturidade? De todos que conheço, encontrei poucos indivíduos que ficaram assim mais tarde na vida.

Pais descuidados são, em geral, os responsáveis por seus filhos crescerem como pessoas tímidas. Para esclarecer este ponto: Maria sabe um monte de musiquinhas fofas e as canta muito bem. Chegam convidados, e a mãe, orgulhosa, chama Maria até a sala para ostentá-la para o grupo. Ela pede que a filha cante uma de suas músicas, mas a menina não se sente muito à vontade para cantar nesse momento. A mãe, então, declara: "Não sei qual é o problema da Maria, ela é tão tímida. Quando está sozinha, canta tanto que chega a incomodar, mas quando tem gente perto, ela se fecha numa concha". A mãe não percebe, mas deu à filha uma reputação à qual fazer jus. Maria, para não se contrapor à afirmação da mãe, tem que manifestar timidez.

    Mais tarde, quando Maria ingressa na escolinha, ela tem dificuldade de conversar antes da aula e começa a descobrir que não é bem como as outras crianças. Conforme cresce, ela descobre o nome da sua condição: timidez. Ela fala disso com outras crianças, sempre dizendo que queria não ser tão tímida. Já aprendemos que os pensamentos que temos na nossa mente consciente são levados à nossa mente criativa, que atua sobre eles. Isso significa que, toda vez que damos expressão ao pensamento "eu sou tímido", estamos fazendo dessa condição algo muito mais real. E isso continua: seus pensamentos de timidez tornam você ainda mais tímido.

    Superar a timidez é uma questão simples se você a aceitar como tal. Talvez seja um pouco difícil acreditar nessa afirmação, no início, pois a timidez, ao longo de toda uma vida, causa muito sofrimento mental, então vai parecer bom demais para ser verdade que existe um alívio tão simples à disposição. Mas existe! Superar a timidez é muito mais uma questão de mudar a mentalidade. Por anos você incrementou a sua timidez com pensamentos de timidez que você guardou, cada um deles tornando sua condição ainda mais notória. Para superar a timidez, **tudo** que você precisa é construir uma consciência que seja o **inverso** da que tem. (Agora, estou me dirigindo àqueles que são tímidos. Se esse não é o seu caso, fique feliz, mas leia o conteúdo mesmo assim. Isso o ajudará a entender melhor os outros.) A esta altura, devo avisá-lo para não usar o que chamo de positivos reversos. Há momentos em que um positivo pode ser negativo no efeito. Por exemplo: dizer "eu não serei tímido" soa como uma afirmação positiva, e, falando estritamente, realmente é positiva. Mas ela dá poder à existência da timidez. Você não quer a timidez – então a esqueça. Nunca se refira a ela. Muito bem, o que você quer colocar no lugar da timidez? Você gosta de estar com as pessoas, gosta de conversar com as pessoas, gosta de ajudar as pessoas, certo? Portanto, em vez de declarar que você se livrará da timidez, comece sustentando o pensamento de que você gosta de pessoas e gosta de estar com elas.

Sendo você tímido ou não, será de grande ajuda repetir a seguinte afirmação, lentamente, refletindo, um monte de vezes: "Eu amo toda a humanidade. Eu aprecio estar com as pessoas. Gosto de conversar com as pessoas. Eu fico feliz por fazer as pessoas felizes".

Assim que esse pensamento estiver fixo na sua consciência, a sua timidez terá ido embora, porque você não ficará tímido na presença daqueles de que você tanto gosta, principalmente sendo que você ama todos eles.

Ao lidar consigo para superar a timidez, não almeje os resultados. Não fique observando se está ou não menos tímido do que era antes. Trate com casualidade que a nova consciência que você está desenvolvendo está se mostrando efetiva e que, algum dia, você acordará para o fato de que era tímido, mas tudo isso ficou no passado. Desse momento em diante, nunca mais se refira a si mesmo como sendo tímido, nem para si mesmo. Se essa ideia começar a insinuar-se para sua mente, apague-a repetindo a afirmação que demos anteriormente.

Medo e fobias. Se você fosse checar essas palavras no dicionário, viria que significam a mesma coisa, exceto, talvez, pelo fato de que a fobia é um medo com **raízes profundas**. A pessoa **medrosa** vai ter medo de quase tudo: doença, morte, acidentes, pânico, terremoto, guerra, tempestade etc. A fobia, em geral, é um medo concentrado num fator somente, ou numa classe de fatores; por exemplo: agorafobia (medo de espaços abertos), claustrofobia (medo de lugares fechados), dermatofobia (medo de doenças de pele), dorafobia (medo de peles de animais) etc. Existem cem ou mais destas. Assim como mencionei anteriormente que a timidez, na maioria dos casos, é adquirida na infância, isso é válido também para as fobias. A maioria resulta de impressões inseridas na mente criativa (subconsciente) da criança. Um amigo meu sofreu com claustrofobia por anos, até que descobriu que esta tinha sido causada pela mãe dele, que, em vez de bater nele quando ele aprontava, botava medo nele ameaçando trancá-lo num armário apertado. Outra pessoa sofria de nictofobia, medo do escuro, porque a mãe, como punição, a trancava em um quarto escuro "onde o bicho-papão viria pegá-la". Um homem passou boa parte da vida com a sensação constante de ser perseguido, de que alguém rastejava atrás dele. Um psicanalista descobriu o fato de que, quando seu paciente era criança, um comerciante o pegou roubando uma maçã da barraca em frente à loja dele, e assustou o menino chegando de mansinho por trás dele para subitamente agarrá-lo.

Medos e fobias podem ser superados com muita eficácia com o uso da razão. No que tange aos medos, faça qualquer coisa que o seu julgamento lhe mandar fazer como medida de precaução, e depois deposite sua confiança em Deus de que tudo vai ficar bem. Você sabe que o medo não fará nada além de tornar a sua vida um inferno e, em alguns casos, pode até atrair aquilo que você teme.

Ao pensar sobre o medo, não devemos confundi-lo com a **cautela**. Quando uma mãe ensina aos filhos que não fiquem na rua, ou que não brinquem com fogo, não creio que isso esteja baseado no medo; na verdade, é o uso sábio da cautela. Não acredito que ter um seguro de vida, ou contra incêndio, seja uma indicação de medo, mas um uso sensível da cautela. Mas depois de ter usado todas as medidas de precaução, traga sua mente para um estado de paz. Manter uma mentalidade de medo não impedirá que nenhuma das condições temidas venha a acontecer; ao contrário, manterá você num estado de confusão que destrói qualquer possibilidade de ser feliz.

As fobias, em geral, são tratadas melhor por meio de um entendimento das causas subjacentes, e chegar a essas causas quase sempre demanda os serviços de um psicanalista.

Uma aluna minha sofria de ofidiofobia, que é o medo de cobras e serpentes. Ela tinha um pavor tão grande que não andava na grama com medo de pisar em uma cobra. Evitava pedras e arbustos, achava que uma cobra poderia atacá-la. Ela foi curada ao estudar sobre as cobras. Pegou livros na biblioteca e aprendeu muito sobre répteis de todos os tipos. Ficou interessada neles, e visitava o zoológico com frequência, para poder observá-los. A fobia desapareceu.

Como tratamento do medo, sugiro que você use a afirmação a seguir. Repita-a para si mesmo lentamente, refletindo. Visto que todo mundo tem algum medo, até certo ponto, seria aconselhável para cada um usar esta fórmula: "Minha mente criativa está sempre alerta e me mantém livre do perigo, me protege e me guia para que eu mesmo me proteja".

Preocupação. Você já aprendeu que a mente pensa com imagens, não com palavras. No Texto n. 4, pedimos que fizesse uma lista dos seus objetivos, as coisas – físicas e materiais – que você quer ter na vida. Dissemos, e agora você sabe que isso é verdade, que, guardando imagens mentais das coisas que quer, você está empregando forças para isso funcionar, para fazer tudo isso virar realidade. A preocupação é o inverso desse procedimento. Você está guardando na mente imagens de coisas que **NÃO quer**. Pense nisso por um instante e verá que é verdade. Se você se preocupa com questões financeiras, não se vê amparado financeiramente, certo? Não, você imagina credores apreensivos, processos, cobradores etc. Se você se preocupa com uma doença, não se vê bem e radiante, certo? Não, você visualiza hospitais, operações, despesas altas etc. Não estou certo?

Preocupar-se nunca resolve nada. Alguma vez você chegou a uma solução bem-sucedida para um problema por meio da preocupação? Claro que não! Planejar é construtivo; preocupar-se é destrutivo.

Seja grato por ter problemas! Aqueles que foram arrancados de sua felicidade por causa de uma diversidade de problemas (preocupações, como vocês os chamavam) verão um problema nessa afirmação. Tentarão imaginar como seria maravilhoso ficar totalmente livre de todos os elementos que perturbam. Antes de terminar esta leitura, você entenderá exatamente do que estou falando. Neste exato momento, tente visualizar uma condição em que você não tem problemas de nenhum tipo. Se pudesse ter qualquer coisa que quisesse, o que iria querer? Nada seria interessante. Morei em São Francisco por muitos anos e, durante esse tempo, nunca visitei nenhum dos pontos turísticos conhecidos na baía, nem nos arredores, como o Monte Tamalpais, o Twin Peaks, o Fisherman's Wharf, entre outros. Depois, fui para Nova York, onde morei por catorze anos, até que fiz uma visita à minha antiga cidade. Num período de duas semanas, vi mais pontos turísticos em São Francisco do que nos muitos anos em que morei lá.

Eis uma questão na qual quero que você pense – e sempre se lembre. Não são os problemas que nos incomodam, mas sim a nossa falta de fé na habilidade de resolvê-los. Certa vez, criei um lema que tem um toque de humor, mas é a mais pura verdade: **a preocupação impede que façamos a própria coisa que forneceria os meios para evitar a preocupação.**

Você gostaria de ter um sábio sempre ao seu lado, pronto para lhe dar a resposta para todos os problemas que possam aparecer, não gostaria? Bem, se prestou atenção na leitura, sabe que já tem, mas na forma da sua mente criativa. Você aprendeu que a sua mente criativa, com sua grande inteligência e vasto reservatório de energia, é sua serva fiel em prontidão, disposta e ávida por servi-lo a todo momento. Portanto, em vez de se preocupar com um problema, o que não o leva a lugar nenhum, contente-se por ser o mestre da situação e depois instrua seu eu mental a lhe dar o direcionamento necessário para resolver a questão. Em seguida, temos uma instrução típica. Se não servir para o seu caso, pode alterar para que sirva. "Existe uma solução para todo problema. Eu serei guiado para dar os passos necessários para obter uma solução satisfatória para...". E aqui você completa com o problema para o qual busca uma solução.

Aqui vai uma coisa IMPORTANTE! Mantenha a mente sempre contente ao lidar com os seus problemas. Ficar desanimado, desencorajado, abatido, é mostrar falta de fé nas suas forças criativas e atrasará ou até impedirá a solução do problema que você enfrenta. Eu lhe disse para ser grato por ter problemas. Depois que alcançar o ponto em que a fé em si mesmo lhe traz a resposta para os seus problemas, a sensação de domínio que você ganhará conforme os resolve será para sempre uma fonte de grande satisfação para você. E, por falar em domínio, se por algum motivo você tiver dificuldade de aceitar a verdade das afirmações contidas neste texto, talvez seja melhor parar aqui mesmo, onde está, e rever o Texto n. 6, que trata do autodomínio. Eleve sua consciência de autodomínio até o ponto em que saberá que é maior do que os problemas que o confrontam.

Você consegue imaginar como seria estar preso, pelas mãos e pelos pés, por correntes que não lhe permitissem liberdade de movimento nenhum? E consegue imaginar como seria boa a sensação de ser libertado dessas correntes?

As pessoas que são contidas por timidez, medo ou preocupação em geral sentem que estão de mãos atadas no que tange à liberdade e felicidade. Por uma semana inteira, antes de engajar-se no estudo do Texto n. 10, quero que você realmente tenha uma sensação de liberdade ao livrar-se de toda e qualquer uma dessas inibições psicológicas.

Sob circunstância nenhuma permita que o medo ou a preocupação entrem na sua mente. Se eles persistirem, releia as partes deste texto que se referem a eles. Se a timidez é a cruz que você teve que carregar, tenha uma sensação de felicidade por saber que isso está sendo resolvido. E se você achar que não está fazendo a melhoria que estava esperando, releia a parte sobre timidez deste texto. Leva só uns minutinhos!

Contudo, meu caro leitor, esta é a semana da felicidade, e quero que você tenha entusiasmo e alegria da manhã à noite – a semana inteira. Após uma semana inteira deste protocolo, isso começará a ser algo natural para você, e você não mudaria isso por nada.

Que você tenha alegria e paz!

Padrão Habitual n. 17: leitura
A pepita de ouro

por Florence Scovel Shinn

Um homem pobre caminhava pela estrada quando encontrou um viajante, que o parou e disse: "Meu bom amigo, vejo que você é pobre. Aceite esta pepita de ouro, venda-a, e você será rico para sempre".

O homem ficou radiante com sua boa sorte, e levou a pepita para casa. Imediatamente, ele arranjou trabalho e tornou-se tão próspero que não vendeu a pepita. Anos se passaram, e ele se tornou um homem rico. Um dia, ele encontrou um homem pobre na estrada. Ele o parou e disse: "Meu bom amigo, eu lhe darei esta pepita de ouro, que, se você vender, fará de você rico para sempre". O mendigo aceitou a pepita, avaliou-a e descobriu que não passava de latão. Portanto, vemos que o primeiro homem ficou rico porque se sentiu rico, pensando que a pepita era de ouro.

Todo homem tem, dentro de si, uma pepita de ouro; é sua consciência de ouro, a opulência, que traz riquezas para a sua vida. Ao fazer suas demandas, o homem começa no fim da jornada, ou seja, ele declara que já recebeu. "Antes de você chamar, eu responderei."

Afirmar continuamente estabelece a crença no subconsciente.

Fonte: Florence Scovel Shinn, *The Writings of Florence Scovel Shinn. The Game of Life and How to Play it* (Escritos de Florence Scovel Shinn – O jogo da vida e como jogá-lo). DeVorss & Company, 1988, pp. 82-83.

Padrão Habitual n. 18: sugestão
Padrões de pensamento

por Ernest Holmes

É fato conhecido que os pensamentos que são sempre repetidos formam padrões na mente que se reproduzem automaticamente. Esse é um dos princípios básicos do novo conhecimento da mente. Esse exemplo costuma ser usado pelos psicólogos para explicar condições neuróticas repetidas continuamente. Por que não usar essa lei criativa de modo construtivo, deslocando padrões antigos e suas reações mórbidas na vida? Esses padrões de pensamento têm levado a humanidade a crer que medo, infelicidade, pobreza e doença devem prevalecer. Por que não substituir essa escuridão mental com o conceito glorioso da nova luz, que agora sabemos que existe? Diga:

> Minha mente está aberta para novas ideias.
> O Espírito está sempre ativo em mim.
> A Mente Divina nunca se exaure.
> Não existe ação cansativa ou monótona no Espírito.
> Ele é sempre novo e vibrante, cheio de ideias.
> Eu sei que estou continuamente recebendo
> novas impressões da vida – jeitos novos
> de viver, melhores e mais repletos.
> Eu deixo a novidade, o frescor e a originalidade do
> Espírito permearem toda a minha consciência.

Fonte: Ernest Holmes, *This Thing Called YOU* (Essa coisa chamada VOCÊ). Putnam, 1997, pp. 35-36.

Texto n. 10

IDEIAS – AS VELAS DE IGNIÇÃO DO SUCESSO

IDEIAS são as velas de ignição do sucesso.

Fortunas, indústrias, até mesmo impérios foram construídos a partir de ideias. Tudo que você compra é a projeção de uma ideia. Ninguém menospreza o valor de boas ideias construtivas, mas o estranho é que encontramos muito poucas pessoas que têm fé o bastante em si mesmas para dar algum valor às próprias ideias.

"Se essa ideia fosse boa, outra pessoa teria pensado nela." Essa frase foi expressada tantas vezes que já está surrada! Talvez você também já a tenha dito, mas nunca mais vai dizer, tenho certeza.

Na primeira parte deste texto, quero dedicar um pouco de espaço ao valor das ideias, e concluirei mostrando a você como fazer da sua mente uma verdadeira fonte de ideias.

Um fabricante de lamparinas divulgou uma vaga de vendedor. Havia um rapaz que queria demais esse emprego, e decidiu que iria atrás dele de modo criativo. O emprego oferecido era dos bons, então o rapaz sabia que haveria muita competição. Antes de entrar em contato com a empresa, ele fez uma pequena investigação sobre a área na qual iria trabalhar caso conseguisse o cargo. Ele ligou para diversos consumidores que usavam as lamparinas com que ele esperava trabalhar. E perguntou-lhes por que eles gostavam delas. Em seguida ele visitou muitas pessoas que usavam lamparina dos concorrentes e lhes perguntou por que eles gostavam dessa que eles usavam. O rapaz pegou toda essa informação e organizou num formato de apresentação. Depois foi até a empresa e mandou um recado para o gerente de vendas dizendo que achava que sabia um dos motivos pelos quais ele não estava vendendo mais da sua lamparina. O gerente de vendas ficou tão interessado no relatório que este foi apresentado à diretoria, junto de certas recomendações. O rapaz conseguiu o emprego, mesmo com a concorrência forte, e o fez com a aprovação de todos os executivos da empresa. O rapaz teve uma ideia e fez uso dela.

Em uma cidade do centro-oeste, um rapaz queria obter um cargo numa grande agência de publicidade. Ele sabia que uma solicitação comum para um cargo não lhe traria nada. Então, foi até um dos executivos e pediu que lhe desse uma mesa onde pudesse trabalhar por uma semana. No fim da semana, a firma poderia determinar se ele se mostrara um homem de valor, e poderia estabelecer o valor que quisesse pelo serviço prestado na semana de teste. A firma ficou tão impressionada com sua sinceridade que ele ganhou o emprego. Hoje ele é um dos executivos da empresa. Ele teve uma ideia e fez uso dela.

Um homem abriu um mercado numa cidadezinha do interior. A comunidade era tão pequena que ele não poderia obter mais do que um rendimento modesto, ainda que dominasse todos os negócios da cidade. Ele fez uma lista de todas as pessoas que moravam nos arredores a cerca de cinquenta quilômetros da loja e começou uma campanha por correspondência chamando a atenção para todas as coisas boas que ele tinha para oferecer. Providenciou um amplo estacionamento e até um parquinho para as crianças. Esse homem desenvolveu um negócio de mais de trezentos mil dólares por ano – mais, talvez, do que todos os outros comerciantes da cidade ganhavam juntos. Ele teve uma ideia e fez uso dela.

Toda patente na Divisão de Patentes dos EUA é resultado de uma ideia. De onde elas vieram? De quem elas vieram? Uma grande porcentagem delas surgiu de gente simples – como você e eu. Por falar em patentes, costuma-se dizer que existem tantas patentes que está cada vez mais difícil pensar em alguma coisa nova. Isso, claro, está absolutamente errado. Cada nova patente emitida abre uma oportunidade para inúmeras novas patentes. Um carro é composto por milhares de patentes diferentes, e cada dia surgem novas ideias em torno do setor automotivo. Com a invenção do rádio, um campo inteiramente novo de descobertas se abriu. A televisão abriu caminho para centenas de novas invenções. Portanto, ao pensar nisso, percebemos que, em vez de oportunidades cada vez mais escassas para inventar, elas estão se multiplicando, e rápido.

Toda vez que alguma coisa dá errado, você está diante de uma oportunidade para uma nova invenção. Os primeiros abridores de latas eram inseridos no topo da lata e bombeados para cima e para baixo, deixando uma beirada em serra protuberante em torno da tampa. Muitas pessoas, ao abrirem uma lata, acabavam cortando o dedo, mas não faziam nada a respeito, exceto, talvez, soltar uns palavrões. Um homem, em vez de ficar com pena de si mesmo por causa do dedo cortado, perguntou-se por que não podiam criar um abridor de latas que não deixasse a beirada serrilhada. Ele não obteve uma resposta negativa para a pergunta, então foi trabalhar e inventou um utensílio que não somente impedia que as pessoas se cortassem, mas que também lhe rendeu uma bela fortuna.

Podemos nos referir às ideias como pensamentos cristalizados, pensamentos que tomaram forma, uma fundação sobre a qual construir. Para todo lugar que olhar, você verá uma ideia que se tornou realidade. Todo negócio é construído em cima de uma ideia. Tudo que você compra vem de uma ideia. As roupas que veste, a casa em que mora, o carro que dirige – tudo isso resultou de ideias.

Você pode batalhar a vida inteira sem fazer muito progresso, mas subitamente uma só ideia pode erguê-lo das sombras para o holofote do sucesso e da felicidade.

Não há limite de idade para se ter uma ideia valiosa. Na verdade, muitas pessoas em seus sessenta, setenta anos, e até mais, conceberam ideias que lhes permitiram fazer mais progresso em pouco tempo do que em todos os anos anteriores.

No meu caso, posso dizer que meu maior progresso na vida ocorreu depois que passei da marca dos cinquenta anos. A idade, em geral, é uma vantagem, em vez do oposto. O conhecimento que se ganha ao longo dos anos "amadurece" a mente, e assim a pessoa avalia melhor suas ideias.

Sei que estou certo ao supor que você, que está lendo agora estas linhas, tem dentro do seu equipamento mental tudo que é necessário para desenvolver ideias de grande valor para a humanidade, mas que também lhe renderão belas recompensas. A seguir temos cinco passos que o ajudarão a tornar reais suas ideias valiosas. Leia e reflita.

PASSO 1. Antes de podermos fazer qualquer coisa, devemos **saber** que podemos fazer. Isso vale tanto para formular ideias quanto para criar qualquer objeto tangível. Portanto, sendo essa uma verdade, devemos começar sabendo que somos totalmente capazes de conceber ideias valiosas. Já aprendemos, com a **Fórmula Mágica**, que o jeito certo de criar **consciência** de qualquer verdade é instruindo a mente pelo uso de afirmações apropriadas. O desenvolvimento de ideias não será uma exceção. Fique totalmente relaxado e repita a seguinte afirmação; e ao repetir, sinta a verdade de cada palavra que você está expressando: "Minha mente está alerta e ativa, continuamente trazendo à consciência um fluxo de ideias construtivas de valor para a humanidade".

Talvez seja bom guardar essa afirmação na memória e, sempre que estiver fazendo algo de natureza criativa, repetir consigo.

Alguma vez você quis ser escritor? Gostaria de ter a habilidade de se expressar por escrito? Se sim, antes de começar a escrever, repita a afirmação e note quão fluido será o seu pensar. Os pensamentos irão fluir para você tão rapidamente quanto você poderá registrá-los.

Um bom conversador é alguém que tem a faculdade de expressar **ideias** de maneira interessante. Sempre que você se flagrar engajado numa conversa com outras pessoas, será mais tranquilo conversar, para você, se repetir a afirmação para si mesmo, acrescentando, quem sabe, a seguinte ideia: "e terei facilidade de expressar meus pensamentos e ideias para os outros".

PASSO 2. O passo que acabamos de concluir o ajudará a condicionar a sua mente para que seja capaz de desenvolver ideias construtivas. O propósito desse passo é fazer você ficar consciente das ideias. Desenvolver uma mente "curiosa". Embora eu não recomende que você fique desapontado com tudo que vir, sugiro que crie o hábito de pensar em termos de desenvolvimento. Quando tiver contato com algo, pense nisso no sentido de "o que pode ser feito para melhorar isso".

Se você tem um emprego, estude o trabalho que está fazendo. Como pode ser feito melhor? Mais rápido? Abordar seu trabalho com uma atitude dessas o tornará muito mais agradável. O tempo vai passar mais rápido, e será mais gostoso. E com o seu pensar construtivo, podem surgir ideias que o recompensem muito pelo seu grande interesse. Mas não aborde o seu trabalho dessa maneira somente do ponto de vista egoísta. Faça isso pelo estímulo que causa a alguém ver um trabalho bem-feito. Quanto menos você trabalha por uma recompensa, mais certo será que ela venha até você.

PASSO 3. O propósito deste texto é despertá-lo, a ponto de você saber que é capaz de ter ideias valiosas, e mostrar como fazer o melhor uso delas. A sugestão primordial neste passo é que você meça cada ideia que vem à sua mente por sua praticidade. No começo, algumas ideias que se apresentam podem ter nascido de ilusões. Seu desejo de certa condição pode trazer à sua mente ideias que, na superfície, talvez pareçam ser soluções felizes. Pense bem nessas ideias; se, depois de uma reflexão cuidadosa, elas parecerem sólidas e práticas para você, coloque-as em funcionamento sem demora.

Podem ocorrer ideias que demandarão esforço da sua parte para colocá-las em prática. Para outros, elas poderiam oferecer oportunidade para procrastinar, mas com você, não. Com a sua determinação e o seu autodomínio, aquilo que pode parecer trabalhoso para alguém será muito bem recebido por você, porque significa crescimento e realização.

PASSO 4. Uma ideia se torna algo tangível no momento em que você faz algo por ela. No passado, muitas ideias que valiam a pena fluíram pela sua mente tanto quanto as águas que correm debaixo de uma ponte. Uma ideia tem sua maior intensidade no momento em que ela nasce. Preserve-a antes que ela comece a se apagar. Comece um arquivo de ideias. Cada vez que uma ideia lhe vier à mente, a não ser que a sua situação lhe permita fazer uso imediato dela, escreva-a. Escreva tudo que vier à sua mente acerca dessa ideia. O próprio ato de escrever dá vida à ideia e impede que ela se apague. Se a ideia puder ser imaginada, e se você for habilidoso com o lápis, faça um esboço. Lembre-se de que quanto mais coisas você fizer pela ideia, mais ela cresce, e mais provável será que você a realize. Pode ser bom rever as ideias do seu arquivo de tempos em tempos, para mantê-lo vivo na sua mente. Além disso, se você pensar em algo que se aplique às ideias que já estão no seu arquivo, certifique-se de registrar esses pensamentos também.

PASSO 5. Uma ideia adormecida não tem valor nenhum. É como ter um excedente de comida que está estragando enquanto muitas pessoas passam fome.

A mente comum é capaz de conceber muito mais ideias valiosas do que qualquer indivíduo pode usar. Reunir ideias apenas na esperança de que algum dia elas possam trazer lucro para você não é lá muito sagaz. Sob tais circunstâncias, você não está ganhando nenhuma compensação, e a humanidade está longe de se beneficiar com a sua força criativa. Tenho certeza de que você concorda comigo.

Quanto mais damos na vida, mais recebemos. Isso também vale para as ideias. No momento em que pudermos estabelecer o fato de que temos ideias valiosas, seremos convocados por muitas fontes por causa das nossas ideias. Se você tiver uma ideia que não pode usar no momento, por que não a entregar a um indivíduo ou uma empresa que pode usá-la? Você ficará impressionado com as recompensas que receberá como resultado da sua generosidade.

Talvez você pense num jeito de um produto ser melhorado. Se não está em posição de usar a ideia, por que não a apresentar para o fabricante desse produto? Quando vir suas ideias sendo usadas, terá mais confiança em si mesmo, e, como resultado, mais ideias, e talvez ainda melhores, fluirão até você.

Há duas coisas que quero que você faça antes de começar a ler o Texto n. 11. O material dado neste texto é tão valioso que quero que você o aproveite ao máximo. Reveja o Texto n. 6, que trata do **autodomínio**, depois releia este texto. Com o que você ganhou com a primeira leitura, e depois com o espírito que o Texto n. 6 vai criar, você ganhará muito mais deste texto do que poderia imaginar no início.

As ideias são as sementes das quais todas as realizações nascem. Lembre-se de que você **tem ideias esplêndidas**; não há melhores. Fique com este texto até que você tenha consciência total desse fato.

Que você tenha alegria e paz!

Padrão Habitual n. 19: leitura
O valor da versatilidade

por Walter Pitkin

O homem versátil desenvolve hábitos em muitas áreas. Ele lê latim, lida com maquinário de cortar madeira, sabe velejar, joga pôquer, já vendeu carros e toca-discos, sabe tudo de geografia, escreve sonetos razoáveis quando está com vontade e cuida de uma estufa de plantas. Cada habilidade lida com assuntos consideravelmente distantes de todos os outros da lista. Ora, sabe-se que os hábitos podem ser transferidos para novas situações contanto que estas lembrem aquelas nas quais os hábitos foram formados inicialmente. Assim, dominar o francês o ajuda a aprender espanhol somente porque as palavras, a gramática e o estilo do espanhol lembram os do francês. Nesse caso, seria grande a ajuda, mas claro que o inverso valeria para a habilidade de navegar, pois nisso não há um fator sequer que pode ser encontrado no uso do espanhol. Cada habilidade jaz no centro de uma área de atividades possíveis. Quanto mais próximas elas estão da central, mais fácil será transferir essa habilidade central para as outras. Podemos chamar essa área de esfera de influência. Nas beiradas de fora, as atividades contêm somente um fator cada em comum com a habilidade focal. Isso representa o mínimo de transferência.

Fonte: Walter Pitkin. *More Power to You!* (Mais poder para você!). Simon and Schuster, 1933, p. 248-49.

O IDIOMA DO PODER

Como já discutimos aqui, não aprendemos padrões, nós os copiamos de três grupos em específico.

1. Os mais poderosos.
2. Os mais próximos.
3. A maioria.

É importante saber disso. É fundamental analisarmos com critério quem são as pessoas que fazem parte do nosso ciclo de amizades, porque grande parte dos nossos resultados tem relação direta com elas. São essas pessoas que fazem parte do nosso ciclo de influência. É esse ambiente que nos faz avançar ou não.

Nesse contexto, costumo dizer que o *networking* é o idioma do poder. Ele vale mais do que dinheiro. Napoleon Hill foi a primeira pessoa a pesquisar e organizar de maneira efetiva o conceito de MasterMind.

> " Quando duas ou mais mentes se unem em prol de um propósito, nasce uma terceira mente, a Mente Mestra."

Hoje esse conceito não é uma grande novidade; mesmo assim, algumas pessoas erram na sua aplicação. Um ambiente de crescimento, composto pelas pessoas certas, é capaz de fazer três coisas em especial:

1. Oferecer acesso à informação certa.
2. Oferecer acesso às pessoas certas.
3. Oferecer acesso aos lugares certos.

Vou compartilhar agora o que fazer e o que não fazer, de maneira prática e moderna, para que você use o ambiente a seu favor.

Networking é:

- Ficar conhecido por aqueles que podem ajudar o seu negócio.
- Criar ocasião para o sucesso do seu negócio e carreira.
- Potencializar e transformar contatos em negócios, clientes e amigos.
- Criar e manter vínculos duradouros.
- Criar reserva de mercado.
- Criar recursos de pessoas que pagam juros e dividendos.

Avaliação sobre o seu *networking*

- Estou fazendo *networking* de maneira intencional?
- Onde estou fazendo *networking*?
- Onde meus melhores clientes e amigos de mercado fazem *networking*?
- Quais são as três empresas que eu deveria investigar para fazer *networking*?
- Quem são as cinco principais pessoas com as quais quero fazer *networking* nos próximos doze meses?
- Quantas horas por semana eu deveria fazer *networking*?
- Quais são os meus objetivos do *networking* no primeiro ano?
- Tenho as habilidades de *networking* de que preciso?
- Quem é a pessoa mais habilidosa em fazer *networking* que eu conheço e com a qual devo me conectar e pedir ajuda?

Redes de contato

REDES PESSOAIS   REDES PROFISSIONAIS   REDES ORGANIZACIONAIS   REDES SOCIAIS

As redes podem ser:

Redes pessoais – seu círculo de amizades.

Redes profissionais – seu círculo de amizades profissionais que podem conter pessoas de dentro e de fora da sua empresa. Estão mais voltadas para o seu mercado.

Redes organizacionais – são as empresas que se envolvem com você, sobretudo a sua, se tiver.

Redes sociais – são os relacionamentos que englobam toda a sua vida social.

Essas redes se caracterizam em nossos laços. Esses laços podem ser fracos ou fortes. O que queremos é fortalecer os laços fracos e tornar os laços fortes ainda mais fortes. Isso pode acontecer de quatro formas distintas:

1. Credibilidade – seu nome tem que chegar antes de você. Sua reputação deve ser a melhor de todas. Trabalhe incansavelmente para que sua credibilidade passe segurança, empatia, resultado, qualidade. Ou seja, mantenha sua imagem ilibada.
2. Marca pessoal – a todo instante estamos comunicando algo. A forma como nos vestimos, falamos, comemos, os lugares que frequentamos e as pessoas com quem nos relacionamos

constroem uma marca pessoal. Infelizmente algumas pessoas não dão valor a esse elemento tão determinante na formação e solidificação de uma rede de *relacionamentos*. Seja um profissional em criar e manter uma excelente marca pessoal.
3. Visibilidade – grupos são alimentados por pessoas e visibilidade. Se um movimento gera notoriedade em um grupo social, ele tem valor. Isso acontece em todas as indústrias. E por quê? Porque as pessoas, todas elas, gostam de poder. É uma necessidade básica humana. Portanto, visibilidade é um fator preponderante em grupos sociais fortes.
4. Capital social – em outras palavras, agregar valor. As pessoas adoram conviver com alguém bem-sucedido, que tem informações privilegiadas e acesso a lugares e condições exclusivas. Isso tem valor, e tem um nome, capital social.

Gerar relacionamento é um dos principais elementos de mudança social. Estar com pessoas melhores do que você em determinada área vai elevar seus resultados. O principal atributo que me fez atingir todos os meus resultados foi o fato de eu sempre conviver com pessoas melhores do que eu. Essa é uma das principais ferramentas da alta performance e não pode ser negligenciada.

Os cinco erros dos amadores

1. Gerar relacionamento, mas não manter esse relacionamento por meio de ações de *networking*.
2. Não agregar valor no primeiro contato.
3. Não ter uma agenda nem um plano de ação de *networking*.
4. Não ter nem desenvolver uma personalidade atraente.
5. Pedir antes de servir.

Como desenvolver uma escuta ativa

1. Espere a pessoa responder.
2. Mantenha o foco.
3. Guarde o seu telefone.
4. Faça perguntas poderosas.
5. Escute, escute e escute.
6. Mantenha linguagem corporal adequada.
7. Não julgue.
8. Treine.

Como manter a rede de contato ativa

1. Saiba qual vai ser o próximo passo.
2. Faça *follow-up*.
3. Transforme o café numa reunião.
4. Tenha em mente o que você quer.
5. Sempre agradeça.
6. Não suma.
7. Personifique cada palavra e abordagem.
8. Crie um ambiente que conecte pessoas.

Teste seu *networking*

Classifique cada questão usando a escala de discordância x concordância.

1. Discordo totalmente.
2. Discordo parcialmente.
3. Não concordo nem discordo.
4. Concordo parcialmente.
5. Concordo totalmente.

1. O principal objetivo do *networking* é construir uma comunidade dinâmica. ( )
2. Ajudar outras pessoas deve ser o único objetivo de um bom *networker*. ( )
3. Em um relacionamento, meus objetivos devem vir sempre em primeiro lugar. ( )
4. Trabalho as minhas redes de contato somente quando preciso de ajuda. ( )
5. Estou sempre disposto a ajudar as pessoas da minha rede de contatos. ( )
6. Não gosto de pedir ajuda a meus contatos. ( )
7. Para mim, o *networking* serve apenas para manipular as pessoas. ( )
8. Todos os dias entro em contato com pessoas das minhas redes. ( )
9. Gosto de desenvolver relacionamentos com meus contatos profissionais. ( )
10. Prefiro entrar em contato com pessoas das minhas redes apenas semanalmente. ( )

11. Acho inadequado misturar relacionamento pessoal com profissional. ( )
12. Trabalho todos os dias para fazer crescer as minhas redes. ( )
13. Minha timidez prejudica minha habilidade para fazer *networking*. ( )
14. Uso minha rede de contato para me ajudar. ( )
15. Minha rede é uma grande fonte de informações e orientações para mim. ( )
16. Já obtive resultados como negócios e indicações por meio das minhas redes. ( )
17. Por meio dos meus contatos já consegui conhecer alguém de que precisava. ( )
18. Por meio dos meus contatos construí relacionamentos importantes. ( )
19. Minha rede de contatos é focada apenas no meu lado profissional. ( )
20. O que determina quem participa das minhas redes são meus interesses. ( )
21. Não gosto de falar com pessoas que não conheço. ( )
22. Fico incomodado quando alguém me contata apenas para pedir ajuda. ( )
23. Minha rede de contatos é focada apenas no meu lado pessoal. ( )
24. Sou um excelente *networker*. ( )
25. Com frequência recebo convites para eventos profissionais. ( )
26. Apago aqueles contatos de que não preciso mais. ( )
27. Sempre convido novas pessoas para fazer parte da minha rede. ( )

28. Minhas redes de contato crescem muito lentamente ou não crescem. ( )
29. Quero desenvolver e fazer crescer as minhas redes. ( )
30. Relacionamento e indicações são fundamentais na evolução dos negócios. ( )

Como analisar sua autoavaliação

Agora que você já classificou as 30 questões, faça o seguinte:

1. Separe as questões em grupos, de acordo com o indicado a seguir:

Grupo 1 – Questões 6, 7, 11, 13, 21, 26 e 28.
Grupo 2 – Questões 2, 3, 4, 14, 19, 20, 22, 23 e 24.
Grupo 3 – Questões 1, 5, 8, 9, 10, 12, 15, 16, 17, 18, 25, 27, 29 e 30.

2. Agora, para cada grupo, some o resultado de cada resposta e obtenha um total. Por exemplo, para o grupo 1: some o valor das suas respostas nas questões 6, 7, 11, 13, 21, 26 e 28. Faça o mesmo para o grupo 2 e o grupo 3.
3. E para finalizar, compare o seu resultado com a descrição a seguir, para cada um dos grupos:

GRUPO	SOMAR OS RESULTADOS	SEU RESULTADO	IDEAL
GRUPO 1	6, 7, 11, 13, 21, 26 e 28		< 14
GRUPO 2	2, 3, 4, 14, 19, 20, 22, 23 e 24		>= 27
GRUPO 3	1, 5, 8, 9, 10, 12, 15, 16, 17, 18, 25, 27, 29 e 30		>= 42

Grupo 1: refere-se àquelas questões em que o conceito de *networking* é mal interpretado ou considerado como algo que não deve ser feito ou como uma atividade negativa. Se o seu resultado neste grupo foi maior do que 14 pontos, você precisa repensar um pouco seu relacionamento com as outras pessoas e aprender mais sobre o que é *networking*, realmente, e qual a sua utilidade.

Grupo 2: refere-se àquelas questões em que o *networking* já é entendido e até praticado. Se você obtve um resultado maior do que 27 pontos neste grupo, já entende alguns dos conceitos relacionados ao *networking* e já os pratica. Mas sempre podemos melhorar. Então recomendo que releia as questões e busque aquelas em que atribuiu a menor pontuação. Essas questões são aquelas que você precisa trabalhar prioritariamente.

Se obteve um resultado menor que 27 pontos, significa que discordou de boa parte das afirmações que estão relacionadas ao bom *networking*. Verifique quais são os seus objetivos, qual é o seu entendimento em relação ao *networking* e como você se relaciona pessoal e profissionalmente com outras pessoas. Essas questões podem ajudá-lo a fazer essa reflexão.

Grupo 3: refere-se às questões de quem já pratica *networking*, mas que ainda pode melhorar. Se você obtve um resultado maior do que 42 pontos, está a caminho da excelência como *networker*. Aqui vale a mesma recomendação de reler as questões com menor pontuação e dedicar o maior esforço e atenção para trabalhá-las, pois melhorar o seu resultado nesses quesitos fará com que você se torne um *networker* cada vez melhor.

Porém, se você obteve um resultado menor do que 42 pontos, significa que tem um pouco de trabalho pela frente. Separe as questões com menor pontuação. Reflita sobre o porquê dessa pontuação baixa e o que você pode fazer, na prática, para mudá-la.

Padrão Habitual n. 20: meditação
Seu padrão de vida

por Ben Sweetland

Você é o que pensa que é! Ao dizer isso, não quero dizer que você gosta da condição em que se encontra; não, você *gostaria* de ser diferente, mas permaneceu como está, porque *se viu como realmente* é. Os hábitos que você tem, e que gostaria de superar, estão com você porque você não foi capaz de se ver sem eles. Talvez a sua saúde não esteja melhor do que está agora porque você nunca ergueu a visão para o ponto no qual se *viu* sendo bem-sucedido. Você não alcançou um estado de felicidade suprema porque a felicidade completa ainda não se tornou parte da sua consciência.

Fonte: Ben Sweetland. *I Can!* (Eu posso!). Cadillac Publishing Company, Inc., 1953, pp. 37-38.

O PODER que influencia pessoas. Você tem o material do qual os líderes são feitos. Agora, está aprendendo a usá-lo.

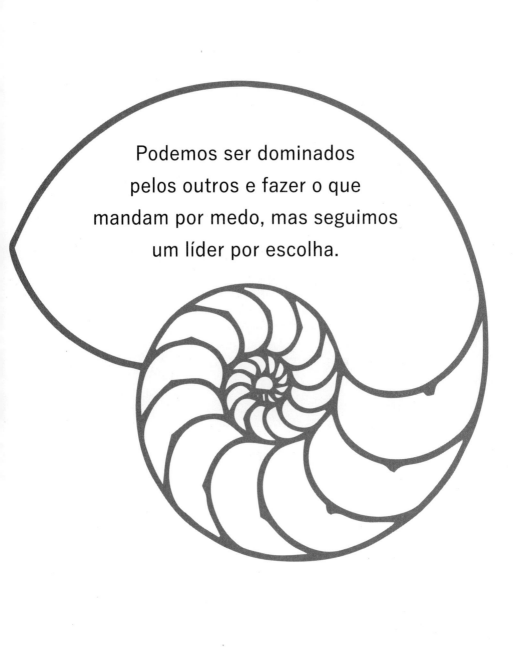
Podemos ser dominados pelos outros e fazer o que mandam por medo, mas seguimos um líder por escolha.

Texto n. 11

LIDERANÇA

Este texto será tão vital e importante que insisto que você não o comece a não ser que esteja totalmente relaxado e tenha tempo suficiente para ler lentamente, refletindo.

Frequentemente, na nossa pressa de "ver do que se trata", passamos apressados por algum texto apenas para captar a essência das ideias apresentadas. Pode não haver problema nisso quando se trata de ficção, mas realmente não é algo recomendado para este livro. Ao passar os olhos, é fácil demais interpretar errado uma ideia, o que nos fará perder muito do valor do material apresentado. Portanto, coloque-se no ânimo adequado para passar meia hora tranquila, agradável e lucrativa com este texto.

Pessoas influentes. O desejo secreto de muitos de nós é chegar ao ponto de ter poder pessoal suficiente para influenciar pessoas e fazê-las seguir o que ditamos. Muitos livros e cursos sobre desenvolvimento pessoal prometem ao aluno que logo ele terá essa qualidade magnética.

Você é uma pessoa, faz parte de um povo. O que o influencia? Vamos despir esse assunto de todo o mistério e pegar logo o que é fundamental. Por que algumas pessoas são excepcionais, na sua opinião? Pelo mesmo motivo básico que faz as crianças se reunirem diante da vitrine de uma loja de doces. Algumas pessoas são atrativas para você porque demonstram qualidades que você admira. Não há magia nisso, nem força, nem poder. É uma lei de atração, não no sentido magnético, mas devido ao fato de que, por meio dessa pessoa, você vê a realização de um desejo. Pode ser por sua gentileza, compreensão, generosidade, simpatia, sinceridade, ou uma ou mais características desejadas. Pense nisso por um momento e você verá que é verdade. Pense nas pessoas de que você mais gosta e pergunte-se por que você gosta delas. Em todos os casos, verá que é porque, de algum modo, elas satisfazem um desejo seu. Agora você pode pensar numa exceção. Talvez consiga mencionar algumas pessoas que estão do lado de quem recebe; pessoas para quem você presta serviço. Nesse sentido, ainda será fácil provar que as minhas afirmações estão corretas. Uma pessoa que tem instinto parental forte e que não conseguiu ter filhos pode se satisfazer muito agindo como mãe ou pai para os outros, sem nem mesmo perceber a existência dessa força motivadora.

Visto que agora sabemos por que gostamos dos outros, também temos a resposta para a seguinte pergunta: como posso fazer os outros gostarem de mim?

Antes de seguir adiante com este texto, gostaria de sugerir que você o deixe de lado por alguns instantes e reveja mentalmente o que aprendeu no Texto n. 9, sobre a timidez, e depois retorne ao Texto n. 6, sobre o autodomínio, e relembre o entusiasmo que você desenvolveu ao estudar esse assunto cativante e fascinante.

Para alcançar esse estágio em que você é uma influência para as pessoas, é preciso livrar-se da timidez e ter um autodomínio poderoso.

A inveja daqueles que têm a habilidade de influenciar as pessoas é o que faz parecer difícil, para nós, fazer o mesmo. Vamos a uma festa e notamos que sempre há alguém que parece ocupar o centro das atenções. Em reuniões sociais, sempre haverá aqueles que parecem ser os preferidos. Qual é o segredo? A resposta é simples. Gostamos das pessoas que nos ajudam mentalmente, fisicamente ou financeiramente. Talvez você não concorde com isso inicialmente, mas ao pensar mais a respeito, em algum momento concordará plenamente.

Neste texto, listarei muitas das qualidades que nos dão liderança, mas há uma coisa que você deve fazer, antes de mais nada: deve adquirir uma consciência de liderança. Talvez até agora você nunca tenha se visto como alguém que pode influenciar ou que influencia as pessoas. De agora em diante, você deve pensar em si mesmo como uma pessoa influenciadora, e, conforme essa consciência ficar mais definida, perceberá uma diferença no seu lar, entre os vizinhos, amigos, colegas de trabalho, todo mundo com quem você tem contato. Para ajudar a adquirir a consciência de liderança, será benéfico repetir a frase a seguir por várias vezes, até que ela se torne parte de você; repita antes de fazer parte de qualquer grupo: "Eu gosto de todas as pessoas e aprecio fazer tudo que posso para proporcionar felicidade àqueles com quem tenho contato". Essa afirmação talvez pareça não ter relação nenhuma com liderança, mas os verdadeiros líderes são os melhores em servir. Ao repetir a afirmação, sustente-a com o tipo adequado de imagem mental. Veja uma cena em que você é popular, ao contrário de estar sozinho, desejando ser popular. Crie imagens de você como alguém que detém o interesse geral quando está num grupo. Visualize um grupo cada vez maior de amigos. Quando entrar numa sala cheia de pessoas, tenha uma sensação de liderança. Como você sabe, isso não significa ser esnobe, mas sim gracioso, compreensivo, vibrante.

Antes de lhe oferecer a fórmula para a liderança, há um ponto que quero deixar claro. Não confunda liderança com dominação. Podemos ser dominados pelos outros e fazer o que mandam por medo, mas seguimos um líder por escolha. Liderar não é o mesmo que dominar. Você entende a diferença?

Como foi a prática nos textos anteriores, o protocolo a ser seguido para desenvolver a liderança será dado em passos. Sob circunstância nenhuma deixe para trás um passo antes de compreendê-lo e aceitá-lo por completo. Fazer isso pode retardar um pouco o progresso, mas para obter os grandes benefícios recebidos com a **Fórmula Mágica**, é melhor avançar devagar.

PASSO 1. Goste das pessoas. Goste de todas as pessoas. Esse é o passo mais importante de todos. Enquanto você não desenvolver um gostar genuíno pelas pessoas, não há como querer que as pessoas gostem de você. Não há como esconder os seus sentimentos dos outros; eles podem perceber. Você não sabe dizer se uma pessoa gosta de você ou não? Claro que sabe. Pois bem, os outros são iguais a você nesse sentido. Eles percebem se você gosta deles ou não. Talvez não seja muito natural gostar de todas as pessoas. Até o momento, talvez você tenha sido um pouco crítico com os outros. Bem, enquanto não for natural, para você, gostar de todas as pessoas, repita e repita a afirmação de que você gosta das pessoas. O movimento cria emoção, e, depois de ter repetido a afirmação o suficiente, você verá que passou a gostar das pessoas.

Você se lembrará de muitas pessoas que estão do lado do mal, e, portanto, não tem como formar laços com elas. Tem, sim! Há mais bem do que mal até nas piores pessoas. Não é preciso gostar do que há de ruim nas pessoas. Goste delas porque são irmãos e irmãs no grande esquema divino das coisas, e porque é uma pena que elas tenham adquirido ou desenvolvido alguma característica ruim. Goste delas porque são seres humanos, e torça para que, de alguma maneira, você possa ajudá-las a superar esses traços indesejáveis.

O ódio é um veneno que nos afeta fisicamente. Ele não prejudica ninguém além de quem o abriga. E assim como podemos perceber quem gosta de nós, podemos também sentir quem tem um coração odioso. Se existem pessoas que você odeia, faça tudo que puder para ganhar a amizade delas. Faça isso, pois isso o ajudará a remover o ódio do seu organismo. Caso o ódio esteja tão enraizado que você não consiga arrancá-lo apenas com palavras, pense em algo que possa fazer pela pessoa que odeia e veja quão rapidamente o ódio desaparecerá.

PASSO 2. Demonstre interesse pelas pessoas. Um filósofo disse, certa vez: "A melhor coisa no mundo, para mim, sou eu mesmo". Claro que isso é uma verdade. Lembre-se disso quando estiver com outras pessoas. Adquira essa postura do eu. Mas pense em termos de servir ao próximo. Dirija a conversa para ele, para as coisas de que ele gosta. No início deste texto, dissemos que você gosta de pessoas que satisfazem um ou mais dos seus desejos. Agora você começará a ver a verdade dessa afirmação. Vamos supor que você estivesse viajando e, ao retornar, tivesse encontrado um conhecido que lhe disse, entusiasmado: "Ah, mal posso esperar para ouvir tudo sobre a viagem que você fez". Isso não o impressionaria? Não o faria se sentir um pouquinho mais próximo dessa pessoa? Bem, o inverso também é verdade. Se você direcionar seu interesse para os outros, eles ficarão mais próximos de você.

PASSO 3. Seja generoso nos elogios. Os elogios fazem, com a personalidade da pessoa, o que o magnetismo faz com um ímã. Ao começar uma conversa com alguém, inicie com um elogio e veja o quanto isso o aproxima dele. E é tão fácil fazer isso. Você pode encontrar motivo para elogiar qualquer pessoa com quem tem contato. E lembre-se: elogiar não é o mesmo que bajular. É um elogio merecido. Você pode elogiar a pessoa pela saúde, pelas vestimentas, pela aparência, pela vivacidade ou pelo progresso que ela está fazendo no emprego ou nos negócios, pela casa, o jardim, o carro – são tantas coisas. Apenas crie o hábito de iniciar a conversa com um elogio sincero.

É tão natural, para nós, ser autocentrados e pensar somente em nós mesmos que será preciso um esforço da nossa parte para formar o hábito de elogiar, então trabalhe nisso. Pense em elogios. Procure oportunidades para elogiar. Isso lhe renderá grandes lucros. Você ficará impressionado ao ver quanto crescerá seu círculo de amigos.

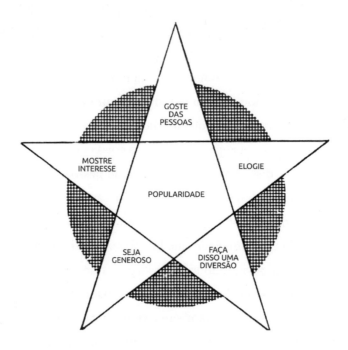

PASSO 4. Seja generoso. Há outras maneiras de ser generoso além de apenas emprestar ou dar dinheiro. Na verdade, às vezes nem é muito sagaz dar ou emprestar dinheiro. Há muitas, muitas maneiras de ser generoso que teriam muito mais significado do que o dinheiro. Você pode partilhar conhecimento e os frutos da sua experiência. Pode partilhar seus amigos. E talvez o presente mais valioso que você possa dar seja a sua amizade, que realmente significa sua promessa não dita de defender e proteger o outro sob todas as circunstâncias. Para ter um amigo, seja um amigo.

Muitos indivíduos, ao conhecerem alguém, pensarão nas vantagens – de um ponto de vista egoísta – que poderão obter ao conhecer essa pessoa. Para você, que está agora a caminho da liderança, isso nunca entrará na sua mente. Ao conhecer alguém, seus pensamentos estarão nas muitas coisas que você pode fazer que serão apreciadas por ele. Alguns talvez questionem a sabedoria desse sentimento político, porque não é divertido estar sempre do lado de quem dá. Mas há uma surpresa reservada para essas pessoas se elas seguirem o conselho dado neste texto. Quando buscamos a nossa felicidade fazendo os outros felizes, eles começarão a procurar pelo mesmo tipo de felicidade e mostrarão um interesse diferente por nós.

PASSO 5. Divirta-se ao fazer amigos. Quando joga qualquer tipo de jogo, você fica empolgado quando vence, não fica? Certamente! A emoção que você sente ao vencer um jogo, no entanto, não se compara à emoção que vem toda vez que você faz um amigo. Portanto, aborde sua recém-desenvolvida liderança como se fosse uma brincadeira. Procure, conscientemente, fazer amizade com as pessoas com quem você tem contato. E quanto mais difícil for conhecer a fundo essa pessoa, maior será a sua vitória quando conquistar sua amizade.

Uma vendedora de uma loja estava sempre exausta no fim do dia, e raramente de bom humor. Ela reclamava da tarefa de tentar agradar fregueses contrariados o dia inteiro. Disseram-lhe que ela devia fazer um esforço consciente para fazer amizade com todos que atendia. Ela fez isso e ficou tão entusiasmada com o trabalho que nem gostava mais de ver chegar o fim do dia, e ficava ansiosa por voltar ao trabalho na manhã seguinte. A recompensa veio quando os fregueses começaram a chamá-la pelo nome, e o gerente, para deixá-la feliz, ofereceu-lhe um aumento considerável no salário.

O vendedor vende a si mesmo antes de vender o produto. Se ele praticar as regras dadas neste texto, as vendas aumentarão, porque o número de amigos dele será maior.

Os executivos atrairão mais clientes se praticarem esses princípios, porque gostamos de lidar com quem mostra interesse em mais do que apenas no dinheiro que gastamos.

Todos podem se beneficiar com as ideias dadas neste texto.

Talvez você não anseie pela liderança no sentido de tornar-se um líder da sua cidade, seu estado ou país. Mas você se interessa por desenvolver aquele tipo de liderança que lhe dará postura e segurança em qualquer encontro. Este texto lhe dará isso. Na verdade, ele lhe permitirá galgar até o objetivo específico que você estipulou para si mesmo.

Que você tenha alegria e paz!

Padrão Habitual n. 21: prática
Livre-se das bobagens

por Frederick Pierce

A primeira coisa a fazer ao examinar os mecanismos e as possibilidades da autossugestão é livrar a mente o máximo possível de qualquer bobagem que talvez tenhamos acumulado, a partir dos escritos de otimistas profissionais. O charlatão é um fenômeno sempre presente, comum a todos os ambientes. O charlatão da sugestão nos garante que temos somente que pensar no dinheiro para sermos ricos, pensar na fama para sermos famosos, sair declarando que está tudo bem para que tudo fique bem. Infelizmente, o que ele diz não é verdade, mas em geral ele adquire um séquito considerável, pois existe uma tendência natural a buscar um atalho e uma porta de acesso ao reino da vida de sucesso. Conhecimento envolve estudo, e estudo minucioso requer paciência, persistência, trabalho duro. Além disso, adquirir conhecimento preciso pode revirar por completo a filosofia charlatã do otimista profissional. Ele acha mais fácil juntar esses obstáculos triviais como fatos fisiológicos e psicológicos, com a ajuda de frases de efeito como "você consegue se achar que consegue", "pensar direito é viver direito", e algo do gênero. O pesquisador sério tem muito pouco tempo para perder com uma literatura dessas, mas em geral ela fornece um exemplo de bom humor. Num parágrafo de um desses livros amplamente difundidos, aparece a confusão ridícula entre a autossugestão e um conflito entre o inconsciente e o pré-consciente baseado num trauma psíquico de infância.

A autossugestão, aplicada com uma técnica sólida, produziu e está produzindo resultados de alto valor. Já passou do estágio experimental. Em Nancy, e no Instituto Rousseau, de Genebra, está em uso clínico e pedagógico diário, sob uma direção científica responsável. Ela já mostrou seu valor e suas possibilidades de desenvolvimento futuro. Mas se não for aplicada do jeito certo, é inútil.

Fonte: Frederick Pierce, *Our Conscious Mind* (Nossa mente consciente). E. P. Dutton & Co., Inc., 1922, pp. 99-100.

Padrão Habitual n. 22: leitura
Tendências de hábito

por David Seabury

A ciência provou que o rombencéfalo, a parte mais antiga do cérebro, é a que direciona grande porcentagem das nossas respostas automáticas e impulsos e reflexos sensoriais e nervosos primitivos, bem como alguns dos processos inibitórios mais simples. Ao mesmo tempo, ele não tem poder de pensamento autoconsciente. Não pode fazer mais do que guiar e proteger um animal sob condições normais por consciência sensorial e reações habituais herdadas. Uma vez que reconhecemos, portanto, que o hábito é fisiológico e amplamente localizado na região do cérebro inferior, os perigos de criar hábitos num sentido negativo ficam claros. Os ambientes iniciais, que colocam em movimento um padrão de reação destrutivo, são o início do retrocesso para a selvageria paleolítica. Eis a criação de um criminoso. Pela própria lei do hábito, que nunca fica parada, o indivíduo passa para níveis ainda mais baixos de ação. Uma tendência pode perdurar uma vida inteira, mas cada hábito negativo tende a propagar um novo, só que um pouco pior. O homem que insiste em contar histórias obscenas e piadas de mau gosto provavelmente perderá, aos poucos, a noção do que é um humor decente, sua ideia de diversão ficará cada vez mais asquerosa, e cedo ou tarde ele buscará uma companhia do mesmo nível. Cada série de reações gera aceitação do tipo similar, até que estas se fixam e novos padrões entram em processo de anexação. O caminho negativo vai se alongando, fechando as portas da vida para outras experiências e ambientes.

O caminho positivo é igualmente produtivo para a formação de novos hábitos. Cada massa de hábitos afirmativos cria sensibilidade para o nível superior: nervos, glândulas e cérebro acostumam-se com certos requisitos e aceitam atenuações ainda mais elevadas.

Fonte: David Seabury. *Unmasking Our Minds* (Desmascarando a nossa mente). Boni and Liveright, 1924, pp. 269-70.

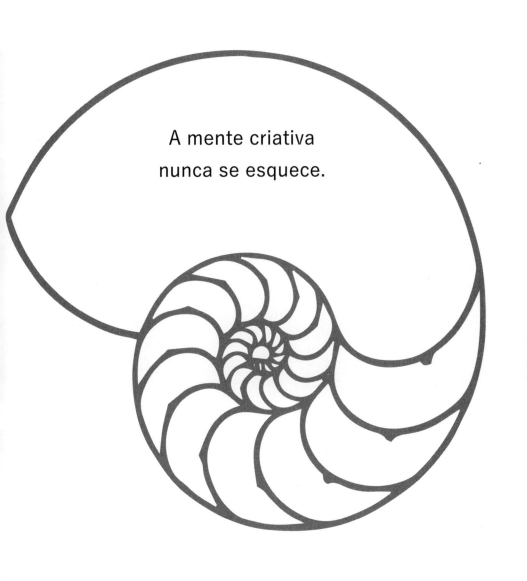

Texto n. 12

ADQUIRINDO BOA MEMÓRIA

"Esqueci." Quantas vezes você fala isso? Alguma vez você já teve a sensação de que a sua memória está se apagando, porque você acha cada vez mais difícil lembrar-se de nomes e fatos?

Este texto será dedicado à memória e como desenvolver uma memória retentiva.

Num texto anterior, aprendemos que a mente do homem tem uma porção acima do nível da consciência, que referimos como mente consciente, e a porção abaixo do nível da consciência, que chamamos de subconsciente, ou mente criativa.

A mente criativa é o armazém da memória, e agora lhe direi algo que talvez o surpreenda. A mente criativa nunca esquece. **Tudo** que você ouve ou lê ao longo da vida fica retido na sua mente criativa. Isso foi provado tantas vezes que agora é fato estabelecido. O dicionário diz que esquecer é ser incapaz de lembrar. Se pensar nisso por um instante, você terá um novo conceito de memória. Esquecer não significa que você não tem mais o pensamento ou a ideia. Significa apenas que ele foi deslocado, ou escorregou para fora da mente consciente. O próprio fato de que você se lembra das coisas indica que você teve a informação o tempo inteiro, mas no momento ela não veio à consciência.

Nesta série de textos, em diversas partes você já aprendeu a dar instruções para o seu eu mental. E se seguiu todas as sugestões dadas até agora, sabe que a sua mente criativa é sempre responsiva. Ela segue os ditados da sua mente consciente, sem questionar, sejam sugestões positivas ou negativas. Frequentemente, damos à nossa mente criativa o tipo de instruções que não queremos que sejam realizadas – não intencionalmente, claro, mas toda vez que começamos um pensamento com o pronome pessoal "eu", isso é uma instrução para a nossa mente criativa.

Caso você queira trazer um pensamento à tona e ele não venha logo de cara, o que você diz? Geralmente algo como "esqueci" ou "não consigo lembrar". Agora, você já deve estar bem mais adiantado que eu. Mesmo assim, prosseguirei: quando você fala essa frase, "esqueci", está literalmente dizendo ao seu eu mental para não fazer nada com relação a isso. Na próxima vez que quiser recordar qualquer fato, reverta seu método de sempre e faça uma declaração positiva, como "eu vou lembrar" ou "vai chegar à minha mente num instante". Isso significa que você está instruindo o seu eu mental a mergulhar no seu armazém mental em busca do fato que você quer e trazê-lo à consciência – e se você acreditar no que acabou de dizer, ele chegará.

No começo, me referi a uma memória que está se apagando. Se alguma vez você já teve a sensação de que a sua memória está se apagando, pode ficar tranquilo, porque uma lembrança nunca se apaga. Para provar isso, pense no seu passado por um momento. Pense naquele uniforme que você usava na escola. A cor não continua a mesma? Ou, se você se lembra de uma explosão terrível que ouviu quando criança, o som dela suavizou? Não, a cor que você lembra é tão vívida quanto a que você viu no passado, e a explosão continua tão alta como era quando você ouviu. As lembranças não se apagam. Talvez desloquemos porções de informação, mas aquilo que trazemos à consciência está como era quando o obtivemos primeiramente.

Pois bem, por que mostramos todos os indícios de uma memória ruim, que está se apagando, se nunca perdemos um conhecimento obtido? Aqui, também, talvez você já tenha concluído. É porque você se permitiu adquirir a consciência de uma memória ruim. Você guardou pensamentos no sentido de que tem uma memória ruim, e, como você agora sabe, toda vez que diz "eu tenho uma memória ruim", está dando a si mesmo instruções mentais para fazer a sua memória ser ruim.

As tentativas de lembrar nomes são um motivo pelo qual desenvolvemos uma consciência de memória ruim. Quando somos apresentados para alguém, nossa atenção não fica no nome, mas na pessoa por trás do nome. Podemos reparar nas roupas, ou nos traços, ou em algum maneirismo. Não pensamos no nome quando mencionado, e, mais tarde, quando queremos relembrar, ele parece ter sumido, e começamos a nos culpar por ter uma memória ruim.

Outro motivo para essa aparente memória ruim é a confusão mental que frequentemente admitimos. Não mantemos nossos pensamentos sob controle, permitindo que muitas correntes de pensamento adjacentes entrem na mente. Sob tais circunstâncias, a informação que queremos não flui prontamente para dentro da consciência, e aumentamos ainda mais a sensação de memória ruim, comentando mais sobre isso.

A idade também atua nisso. Por algum motivo, aceitamos a ideia de que boa memória e idade não andam juntas. Esperamos, com o passar dos anos, que a nossa memória vá regredir, e na maioria dos casos ela regride mesmo; contudo, **não é a idade que causa isso**. É a consciência de memória ruim que desenvolvemos. Imaginamos que as nossas lembranças vão esmorecer.

Eu trouxe aqui cinco passos simples para você ter uma memória retentiva. Avance calmamente ao passar por esses passos. Fique com cada um deles até que se tornem parte de você, até que não haja dúvida alguma acerca da verdade contida em cada passo.

PASSO 1. Repita a seguinte afirmação consigo frequentemente, até que essa verdade não seja questionada pela sua mente consciente:

"Eu tenho boa memória. Minha mente é ordenada. Sou mestre dos meus pensamentos o tempo todo. Eu posso, sempre que quero, trazer à consciência quaisquer fatos que estejam guardados dentro do meu armazém mental".

Se você é daqueles que andam reclamando de memória ruim, uma afirmação desse tipo pode parecer contraditória. Mas quando você percebe que a sua memória ficou ruim porque guardou pensamentos sobre ter memória ruim, o único jeito de corrigir a condição será revertendo o seu tipo de pensamento.

Sinta-se contente por ter uma boa memória. Fique contente pela sua memória servi-lo como deveria ser.

PASSO 2. Além de desenvolver uma consciência de boa memória, faça tudo que puder para fixar fatos e imagens na sua mente. Por exemplo, quando for apresentado a alguém, em vez de apenas dizer um costumeiro "Prazer em conhecê-lo", repita o nome, como em "Prazer em conhecê-lo, Sr. Throckmorton". Se o nome não for dos mais comuns, você pode torná-lo ainda mais marcante se, depois de repeti-lo na apresentação, fizer um comentário sobre ele. Perguntar como se escreve o nome tende a fixá-lo na sua mente. Se você tem um amigo com o mesmo nome, ajudará na lembrança fazer uma associação mental: o nome a ser lembrado com a pessoa que você conhece, que tem o mesmo nome. Escrever um nome costuma ajudar a pessoa a lembrar-se dele, portanto, na primeira ocasião, faça questão de ler o nome que você gravou na memória. Não faça essas coisas **em lugar** daquilo que sugeri no Passo 1, mas como ajuda para desenvolver uma consciência de boa memória. Ao ver a sua mente ativada com todas as coisas, você pensará em si mesmo como tendo uma boa memória, e como resultado ela será boa mesmo.

PASSO 3. Exercícios para memorizar ajudarão muito no desenvolvimento de uma consciência de boa memória. Um bom exercício é pegar uma lista de palavras, que você pode encontrar num livro de ortografia. Leia cinco dessas palavras, depois feche o livro e repita as cinco na ordem em que apareceram. Depois que isso ficar fácil, faça com seis palavras, depois sete, oito, e assim por diante. Vá acrescentando uma palavra a cada vez. Você ficará surpreso ao ver quão rapidamente chegará ao ponto em que será capaz de lembrar longas listas de palavras. Ao lembrar palavras, não pense nisso como um feito especial, mas apenas como mais uma prova de que você tem boa memória; na verdade, é natural para você ter boa memória.

Um bom jogo de memória que toda a família e os amigos podem jogar é distribuir cerca de 25 itens de diferentes tipos sobre uma mesa, e em seguida todos devem passar lentamente pela mesa, olhando para tudo que está ali disposto. Depois vão todos para outra sala e escrevem quantos itens puderem lembrar. Algumas pessoas jogarão com a sensação de algo como "sei que não conseguirei lembrar muitos", e elas têm razão. Outras saberão que serão capazes de lembrar a maioria ou todos os itens, e estas também estão corretas. Uma balconista de um grande hotel era famosa pela boa memória. Ela não precisava de números para nada, pois se lembrava dos donos de cada chapéu e casaco deixados com ela. Eu lhe perguntei o que ela fazia para ter boa memória. Ela riu e respondeu: "Não sei como faço isso, só sei que consigo fazer". Talvez ela não percebesse a verdade psicológica que estava expressando ao dizer, "só sei que consigo fazer". Isso é tudo de que precisamos para ter boa memória: apenas saber que temos. É outra maneira de dizer que desenvolvemos uma consciência de boa memória.

Os camareiros de hotel são famosos pela boa memória. Um deles me chamou pelo nome cinco anos depois que me hospedei no hotel, e chegou até a me dizer o quarto que ocupei na estadia anterior. Perguntei-lhe se ele fazia algum esforço consciente para lembrar os nomes dos hóspedes. Ele disse que não. Apenas lembrava. Esse homem tinha consciência de boa memória, e não a estragava com pensamentos negativos, como faz a maioria das pessoas.

PASSO 4. Nós recebemos informação por todos os nossos cinco sentidos: visão, audição, olfato, paladar e tato. Por um momento, vamos pensar na visão e na audição. Os psicólogos descobriram que os humanos se dividem em dois grupos quando se trata de percepção de memória. Há aqueles que lembram mais o que **viram** do que aquilo que **ouviram**; por outro lado, há aqueles que lembram mais o que ouviram do que aquilo que **viram**. Os que têm mente mais visual são chamados visualistas, e os de mente mais auditiva, oralistas ou acústicos.

Determine a qual grupo você provavelmente pertence. Você pode fazer isso prontamente pensando nas últimas palestras que ouviu e tentando lembrar o máximo de falas possível. Depois se refira mentalmente a alguns dos livros e artigos de revistas que você leu recentemente e veja quantos deles consegue lembrar. Você verá que será mais fácil lembrar-se de um grupo que do outro. Se você se lembra mais das palestras, é oralista. Se se lembra mais dos livros, é visualista.

Se for oralista, aproveite toda oportunidade que tiver de assistir boas palestras. Se for visualista, é melhor passar muito tempo com a palavra impressa.

Saber se você é oralista ou visualista ajudará a fixar fatos na sua mente. Se quiser fazer um registro mental claro de algum fato, e for oralista, repita em voz alta algumas vezes. Se for visualista, escreva, para poder ver.

Os sentidos de olfato, paladar e tato também o ajudarão a melhorar a memória. É possível recordar sabores e odores tanto quanto é possível reter uma lembrança da sensação de toque de um objeto. Esse último tipo de memória é chamado memória tátil. Conforme a sua memória se desenvolver, você será capaz de trazer à consciência não somente as palavras que representam o pensamento, mas também o gosto, o odor e o toque, se houver.

PASSO 5. Desenvolva seus poderes de observação. Todos nós vemos, mas nem todos observamos. Vemos até o ponto de enxergar o que estamos fazendo ou aonde estamos indo, mas não fazemos uma impressão mental do que os olhos estão vendo. É incrível como o mundo fica muito mais interessante quando formamos o hábito de notar tudo que está no alcance da nossa visão. E desenvolver o poder de observação melhora a memória.

Um dos melhores jeitos de aprender a observar é pensar enquanto você vê. Pense nas coisas que está vendo. Pense no tamanho, na forma, textura, cor, odor etc.

Claro que formar um hábito desse tipo ajudará a fazer de você um conversador melhor, porque terá mais coisas de que falar, mas agora estamos pensando na observação apenas do ponto de vista da memória melhorada.

Falar das coisas que você vê e ouve também as fixará na sua mente. Portanto, na próxima vez que estiver conversando com alguém, mencione algumas das coisas que descobriu graças aos seus recém-adquiridos poderes de observação.

Este texto pode valer, para você, muito mais do que pode imaginar. Não o trate de qualquer jeito. Leia e releia, e, o mais importante, pratique tudo que foi sugerido.

O maior ponto de todos, em conexão com a memória, é que, deste momento em diante, você tem uma boa memória. Nunca mais você usará a expressão de que se esqueceu ou não consegue lembrar certas coisas. Você assumirá a postura positiva de saber que os fatos retornarão à sua consciência.

Nas conversas, dê a si mesmo crédito por ter uma memória boa. Se o assunto for mencionado, seja firme ao dizer: "Eu tenho memória boa". E acredite no que diz!

Que você tenha alegria e paz!

Padrão Habitual n. 23: sugestão
Faça agora mesmo!

por W. Clement Stone

Esse contador era o mesmo homem que, na noite anterior, teve a coragem de perguntar: "Como posso fazer minha mente subconsciente trabalhar para mim?". E lhe falaram de estabelecer metas, insatisfação inspiracional, automotivadores e o gatilho *Faça agora mesmo!* Ele aprendeu, também, que precisa escolher uma meta imediata específica e partir para cima dela. E aprendeu estas coisas, também:

1. Você afeta sua mente subconsciente pela repetição verbal. A mente subconsciente é especialmente afetada por autossugestões dadas sob esforço emocional, ou dadas com emoção.
2. O maior poder que o homem tem é o poder da oração.

Ele escutou. Parou para refletir. Identificou-se com os princípios e os assimilou. Rezou sinceramente, com reverência e humildade, por orientação divina. Ele acreditava que a receberia, e por acreditar, realmente recebeu. E quando recebeu, não se esqueceu de fazer uma oração sincera de agradecimento.

Fonte: W. Clement Stone. *The Success System That Never Fails* (O sistema de sucesso que nunca falha). Prentice-Hall, Inc., 1962, pp. 76-77.

Padrão Habitual n. 24: meditação
Hábitos de crescimento

por Napoleon Hill

O propósito da instrução é, ou pelo menos deveria ser, colocar a mente do indivíduo para crescer e se desenvolver a partir de dentro; fazer a mente evoluir e se expandir por mudanças constantes nos processos de pensamento, para que o indivíduo possa finalmente ter conhecimento dos seus poderes potenciais e, desse modo, ser capaz de resolver problemas pessoais.

A prova de que essa teoria se conforma aos planos da natureza pode ser encontrada no fato de que as pessoas mais bem instruídas de todos os tempos são aquelas que se formam na grande Universidade da Vida, por experiências que as fazem se desenvolver e usar os poderes da sua mente.

A lei da mudança é uma das maiores de todas as fontes de instrução. Entenda essa verdade e você não mais se oporá às mudanças que lhe dão um escopo mais amplo de entendimento de si mesmo e do mundo como um todo. E não mais resistirá quando a natureza romper com alguns dos hábitos que você formou e que não lhe trouxeram paz de espírito nem riqueza material.

Os traços para os quais o Criador mais franze o cenho, nos seres humanos, são a complacência, a autossatisfação, a procrastinação, o medo e as limitações autoimpostas, e todos acarretam penalidades pesadas, que são exigidas daqueles que se refestelam em tais traços.

Pela lei da mudança, o homem é forçado a ficar sempre crescendo. Sempre que uma nação, uma empresa ou um indivíduo cessa de mudar e se acomoda numa trilha de hábitos rotineiros, algum poder misterioso entra e esmaga essa composição, rompe os hábitos antigos e estabelece a fundação para hábitos novos e melhores.

Em tudo e em todos, a lei do crescimento ocorre por meio da mudança eterna!

Fonte: Napoleon Hill, *You Can Work Your Own Miracles*. Random House, 1996, pp. 29-30. (Edição brasileira: Você pode realizar seus próprios milagres. Porto Alegre: Citadel, 2017.)

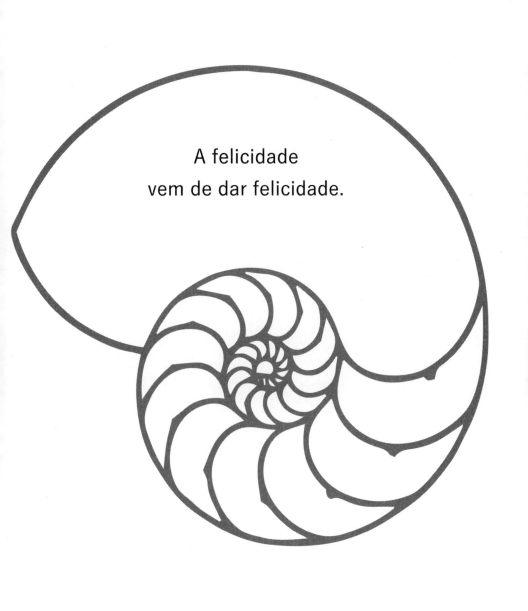

A felicidade
vem de dar felicidade.

Texto n. 13

MESTRE DO PRÓPRIO DESTINO

Até mesmo as pessoas que alegam não ser supersticiosas costumam se retrair um pouco quando confrontadas com o número 13. Ao longo da vida, ouvimos falar tanto do azar associado a esse número que é difícil para muitos de nós permanecer tranquilos diante do número 13. Você encontrará muitos que proclamam, corajosos, que o 13 não significa nada para eles; entretanto a maioria, em segredo, evita esse número.

Naturalmente, existe uma origem para toda superstição. A superstição acerca do 13, segundo a lenda, data da Ceia do Senhor, na qual treze sentaram-se à mesa e um deles traiu o Mestre.

Este é o Texto n. 13, e farei dele um 13 da Sorte. E não há motivo para um número não poder ser sortudo, tanto quanto azarado. O número 13 se mostrará sortudo se você acreditar nisso com tanta intensidade quanto pode acreditar que ele dá azar.

O que é a sorte? O dicionário *Webster* diz que é algo que acontece com alguém por acaso. Se isso é verdade, as superstições não atuam na sorte, porque, de acordo com os supersticiosos, quando faz certas coisas, você obtém certos resultados. Se selecionar o número 13, você terá azar. Se permitir que um gato preto cruze o seu caminho, você terá azar. Segundo essa crença, você tem certo controle sobre o que acontece, porque, ao evitar o 13, o gato preto e similares, você evita o azar. Além disso, os supersticiosos têm amuletos que indicam sorte, como trevos de quatro folhas, pés de coelho etc. Então, da mesma forma, podemos igualmente controlar a condição que pode se enquadrar nessa categoria, garantindo a boa sorte. Assim, ao que parece, uma vez que podemos controlar as coisas boas e as coisas ruins – de acordo com a verdadeira definição de sorte, como sendo algo que acontece com alguém por acaso –, a sorte não tem função alguma na superstição. Há certo número de coisas, além do nosso controle, que estão diariamente acontecendo com todos nós. Alguns desses acontecimentos parecem ser bons, outros, ruins. Em termos simples, todos estamos sujeitos a certo número de chances boas e ruins. Contudo, e aqui vem um ponto importante, a atitude que tomamos diante dessas "chances" tem uma influência definida no nosso futuro.

Se mantivermos uma consciência negativa, aumentaremos as chances ruins até um ponto em que seremos controlados por elas. Assumiremos uma atitude de fracasso e teremos dificuldade de fazer qualquer coisa que seja de natureza construtiva. Nossa saúde será afetada. Ficaremos depressivos e mórbidos. Teremos poucos amigos; em suma, a vida terá pouco a nos oferecer.

Porém, se mantivermos uma consciência positiva, o inverso também é verdade. Ampliaremos nossas chances boas a tal ponto que seremos controlados por elas. Seremos mais bem-sucedidos, teremos boa saúde. Seremos felizes!

O Bom Livro afirma, em Jó 3,25: "Exatamente aquilo que mais eu temia desabou sobre minha cabeça, e o que mais me dava medo veio me assombrar".

A única coisa ruim que pode vir da superstição é a crença nos amuletos. Se você acredita que coisas terríveis acontecerão como resultado de violar quaisquer regras da superstição, você está colocando as leis da natureza para trabalhar no sentido de trazer condições negativas. Por outro lado, se acredita em amuletos que simbolizam o bem, também está colocando as forças da natureza para trabalhar, mas para o bem.

Eu disse, anteriormente, que todos estamos sujeitos a certo número de chances, algumas boas, algumas ruins. Para o indivíduo com uma mente positiva, as chances ruins não existem. Para essa pessoa afortunada, tudo que acontece apresenta uma oportunidade. Como você aprendeu no Texto n. 10, sobre as ideias, o que pode ser infortúnio para uma pessoa é definido como oportunidade para outra.

Uma moça tinha aguardado, animada, certa "data" por muitos dias. Chegou a hora e, no último momento, ela descobriu que, por circunstâncias imprevistas, seu novo amigo não poderia comparecer ao compromisso. O normal teria sido essa moça choramingar e suspirar a noite inteira, mas ela não fez isso. Ela percebeu que estava um pouco atrasada com a leitura e resolveu passar o tempo melhorando a mente. Num dos artigos que leu, extraiu uma ideia para uma história, que ela escreveu e vendeu, e mais tarde teve muito sucesso como escritora de contos. O que poderia ter se mostrado como "azar" passou definitivamente para "sorte", entretanto, não acidentalmente, mas pela mente construtiva da garota.

Uma firma de Nova York recebeu um pedido da Filadélfia. Um vendedor foi designado para isso, e fez uma viagem especial para Quaker City. Esse homem trabalhava com comissão direta – até pagou os próprios gastos com a viagem. Ao chegar, ligou para o homem que tinha feito o pedido, na esperança total de encontrar um cliente interessado para o qual poderia vender e tirar uma boa comissão dali. Para sua tristeza, descobriu que o "cliente" era um menino que tinha escrito apenas para receber um catálogo com figuras para recortar. O vendedor poderia ter feito aquilo que a maioria dos humanos faria – perdido a cabeça. Mas não fez isso. Ele se lembrou de que também já tinha sido criança, então, com interesse e simpatia, conversou com o menino sobre as figuras que ele queria ter e prometeu que, ao retornar para Nova York, enviaria uma quantidade de figuras interessantes para ele. A promessa foi cumprida. O pai do menino ficou tão impressionado com o vendedor que, em toda oportunidade que tinha, o recomendava; como resultado, o que poderia ter sido uma inutilidade provou-se muito lucrativo. Esse é outro exemplo no qual uma mente positiva ajudou um homem a converter, com sucesso, uma circunstância desfavorável em grande lucro.

Um corretor de imóveis inescrupuloso induziu uma família do oeste a vender a casa e todos os pertences para comprar uma área no Arizona, alegando ser uma fazenda. O homem e a esposa, ao chegarem, descobriram que a "fazenda" comprada não passava de uma terra desértica, sem vegetação alguma além de cactos. A maioria das pessoas, sob tais circunstâncias, seria nocauteada e sentiria que jamais poderia se levantar de novo. Esse casal não permitiu que tal coisa acontecesse. O marido tinha problemas respiratórios, e percebeu que no ar quente e seco do Arizona o incômodo tinha aliviado bastante; ele estava curado, na verdade. Ocorreu-lhe a ideia de que, na propriedade, ele poderia estabelecer um hospital para tratamento de problemas respiratórios. Ele voltou para sua cidade natal e fez alguns amigos se interessarem pela empreitada – o que provou ser lucrativo para ele e muito benéfico para os investidores. Outra inversão de "azar".

Sua leitura da **Fórmula Mágica** logo será concluída. Se você foi um bom observador ao passar de texto em texto, entenderá que todo este conhecimento foi construído com um propósito em mente: fazer você pensar em termos de "EU CONSIGO" em vez de um negativo "EU NÃO CONSIGO". Você deve saber, agora, que, se usar as palavras "EU CONSIGO" e realmente acreditar nelas, não haverá limite para o que você pode alcançar.

Esse ensinamento poderia ser dado em apenas um parágrafo curto, em vez de catorze lições. O parágrafo poderia dizer-lhe que tudo que você tem que fazer é **saber** que consegue fazer as coisas. Mas algo assim seria de pouco valor. A significância dessas palavras é tão difícil de compreender que a pessoa precisa passar por um protocolo bem planejado para fazer delas parte definitiva da sua consciência.

Se você foi justo consigo ao longo do estudo da **Fórmula Mágica**, por ora deve ser capaz de se encarar no espelho e, ao usar as palavras "EU CONSIGO", sentir o verdadeiro significado delas passando por todas as fibras do seu corpo. Nenhum objetivo, de nenhum tamanho, deve parecer estar fora de alcance. Você deve ser capaz de ver o futuro com uma postura perfeita, sabendo que é o mestre do seu destino e que todas as estradas estão abertas para você, e que a escolha de qual estrada tomar depende inteiramente de você.

Se você seguiu a agenda sugerida, quase treze semanas se passaram desde que começou o Texto n. 1. Se aplicou todos os princípios dados, é certo que já obteve grandes resultados. E, apesar de muitos dos seus objetivos já terem virado realidade, você apenas tocou a superfície. Os resultados serão acumulativos. Ao prosseguir, dia a dia, vivendo esses princípios, a consciência do poder que tem aumentará constantemente, permitindo que você alcance realizações até então nunca sonhadas.

Existe uma grande fonte de felicidade que ainda não toquei. Eu a deixei para perto do fim, para você estar em melhor posição para aproveitá-la ao máximo.

A FELICIDADE VEM DE DAR FELICIDADE. Por mais estranho que pareça, temos que ter grande sabedoria antes de poder apreciar totalmente a verdade dessa afirmação. Ouvi-la em geral traz à mente a ideia de fazer as coisas apenas para poder ajudar os outros. Isso, claro, está errado. Ao dizer que a felicidade vem de dar felicidade, não estou abordando o tema à luz da caridade. Poucas pessoas querem a caridade mais do que você. Dar felicidade não significa meramente dar dinheiro aos pobres. Na verdade, em geral, não tem nada a ver com dar dinheiro. Há muitas, muitas coisas na vida mais importantes do que o dinheiro. Na verdade, muitas vezes não é muito sagaz dar dinheiro – ou emprestar. Em vez de ajudar a pessoa a resolver um problema, estamos meramente fazendo com que ela o prolongue. O maior auxílio que podemos dar a alguém é ajudá-lo a ajudar a si mesmo. Mas esse pensamento acerca da felicidade não é dirigido àqueles que precisam de ajuda. Existe uma expressão que soa um pouco fria, entretanto, é algo que contém muita verdade. "Quem precisa de ajuda não a merece, e quem a merece não precisa dela."

Ganhar a felicidade por dar felicidade é um assunto que demanda pensamento e reflexão cuidadosos. A felicidade não é uma coisa, é uma condição – um estado de espírito. Não dá para comprar a felicidade. Você a tem dentro de si, e você mesmo precisa dar-lhe expressão; do contrário, não será feliz.

O motivo pelo qual alguns não são felizes é que, por causa de algumas barreiras, não estão passando adiante o que têm no interior. Essas barreiras podem ser preocupação, medo, doença, carência, pesar etc. Uma sensação de insegurança em geral impede que a pessoa dê expressão à felicidade.

Literalmente falando, não podemos dar felicidade para ninguém. Mas podemos dar motivos para dar expressão à felicidade, e é essa condição que estou considerando agora.

O motivo que me levou à descoberta contida nesta obra foi meu desejo de passar para os outros a oportunidade de conseguir da vida as muitas bênçãos que, descobri, estão disponíveis para todos nós. Embora haja um lado comercial em toda empreitada, sou sincero quando digo que a minha maior recompensa veio das cartas que recebi dos alunos que estão, agora, encontrando o sucesso e a felicidade por meio do estudo da psicologia criativa.

Agora que você adquiriu as chaves que destrancam as portas do sucesso e da saúde, faça a si mesmo feliz ajudando os outros a obter felicidade. Ensine os outros a saber que eles têm o mesmo reservatório de poder que você descobriu dentro de si mesmo. Mostre-lhes que eles têm a inteligência que lhes permitirá galgar e alcançar as alturas.

Existe uma vantagem psicológica a ser obtida ao ajudar os outros. Quanto mais você ajuda, maior e mais importante você se torna. A pessoa pequena recorrerá a ataques e fofocas desagradáveis, na esperança de fazer os outros parecerem pequenos em comparação com ela. Quando você encontra uma pessoa que tem afirmações elogiosas a fazer a todos, essa pessoa lhe parece pequena? Ao contrário, você a vê como uma pessoa realmente grandiosa.

Portanto, busque toda oportunidade que tiver para ajudar os outros a se ajudarem. Veja seu círculo de amigos aumentar. Note seu poder pessoal se expandindo. E, o melhor de tudo, você será feliz, idealmente feliz.

No próximo texto, o último da sua **Fórmula Mágica**, você receberá uma revisão geral das ideias predominantes contidas em todos os textos. Não comece essa revisão enquanto não tiver digerido totalmente esta aqui.

Você poderá provar que o 13 é seu número da sorte se seguir tudo que foi dado no Texto n. 13. Passe pelo menos uma semana com ele, e durante essa semana faça questão de ver quantas vezes você consegue transformar algo que parece ser um acontecimento ruim em algo bom. Em outras palavras, se acontecer algo que pode ser considerado ruim, pergunte-se: como posso converter esse incidente numa coisa boa? Você ficará admirado e surpreso ao ver quantas bênçãos chegarão até você disfarçadas de outra coisa.

Que você tenha alegria e paz!

Padrão Habitual n. 25: prática
O fogo do entusiasmo

por Claude Bristol e Harold Sherman

Você deve ter sempre em mente que o fogo intenso do entusiasmo que vem de dentro torna-se uma conflagração que afeta todos que estão na sua frequência, se você o irradiar. As vibrações que você emana com seus poderosos raios de entusiasmo inspiram os outros, elevam, constroem e atraem negócios... assim como as vibrações de medo colocam os outros para baixo, repelem e destroem.

É um fato inegável, a despeito do tempo, que sempre há um negócio em algum lugar para o homem que *acredita* que ele existe e vai atrás dele, mas nenhum para a pessoa que tem certeza de que não existe nada e nem sequer faz a tentativa de se mover.

A sugestão é uma das forças mais poderosas no mundo. Ela tem poder equivalente nas duas direções – positiva e negativa –, dependendo de qual direção você lhe dá.

Como você é um motivador, pode usar a sugestão em si mesmo para ter grandes vantagens. Agora que conhece o potencial do pensamento, quando se flagrar tendo atitudes mentais negativas sobre qualquer coisa que estiver fazendo ou sobre o futuro, *pare com tudo*! Reconheça no mesmo instante o mal que você está fazendo a si mesmo por permitir que tais pensamentos residam na sua consciência. Substitua essas imagens mentais equivocadas por sugestões visuais fortes do tipo certo. *Visualize-se* superando qualquer dificuldade que está enfrentando, fazendo um trabalho melhor, obtendo resultados melhores amanhã. Lembre-se de que o poder criativo interior só pode trabalhar com o que você lhe dá! Um construtor tem que trabalhar a partir de um projeto. Se houver erros no projeto e ele não souber deles, esses erros aparecerão no edifício concluído. A não ser que você descubra o seu pensamento equivocado, as sugestões erradas que você está dando a si mesmo a cada dia, você atrairá, para si mesmo, o que estiver visualizando. Passe essas sugestões para seus amigos ou sócios, e, se as aceitarem, eles o ajudarão a produzir essas mesmas condições que você imaginou!

Fonte: Claude M. Bristol e Harold Sherman. *TNT The Power Within You* (O poder dentro de você). Prentice-Hall, Inc., 1954, Nova York, pp. 193-94.

Padrão Habitual n. 26: sugestão
Veja-se como você quer ser!

por Claude Bristol e Harold Sherman

Olhe-se no espelho. Avalie-se. Você é o homem ou a mulher que quer ser? Se não, dê a si mesmo as sugestões que podem ajudar a fazer de você aquilo que deseja. Veja uma imagem mental de como você gostaria de parecer aos outros, como gostaria de expressar sua personalidade. *Sobreponha* essa imagem mental à sua imagem atual, que está na sua frente. Veja as mudanças que tem de fazer em si mesmo, como se já tivessem ocorrido. Repita essa visualização dia após dia, noite após noite. Trabalhe nisso! Lembre-se do poder da repetição, da reiteração, e por aí vai.

Se os outros o criticarem ou não acreditarem que você é capaz de fazer o que quer fazer... não aceite as sugestões deles! Analise-se para determinar se as críticas são justas; e se forem, remova qualquer ressentimento que você possa ter sentido por causa delas, agradeça por esses defeitos lhe terem sido mostrados e ponha-se a eliminá-los, para que não mais impeçam o seu progresso adiante. Mas mantenha sua crença em si mesmo! Se perder isso, você perde tudo. Todo sucesso, grande ou pequeno, começa com a fé em si mesmo e no poder criativo interior. Você deve tê-la, e deve retê-la para ir de onde está para onde quer estar.

Diga a si mesmo: "A cada dia vou melhorar e, por fim, removerei as falhas que eu venha a descobrir em mim. A cada dia vou obter maior controle sobre a minha mente e as minhas emoções. A cada dia vou superar mais dos meus medos e preocupações e outros pensamentos destrutivos. A cada dia estou desenvolvendo saúde melhor, felicidade e prosperidade. A cada dia vou encontrar melhores oportunidades para servir os outros e fazer coisas que valem a pena. A cada dia...".

Siga a partir daqui. Crie os seus amanhãs, com suas *sugestões positivas*, conforme se aplicarem a você e às suas necessidades.

Fonte: Claude M. Bristol e Harold Sherman. *TNT The Power Within You* (O poder dentro de você). Prentice-Hall, Inc., 1954, Nova York, pp. 198-99.

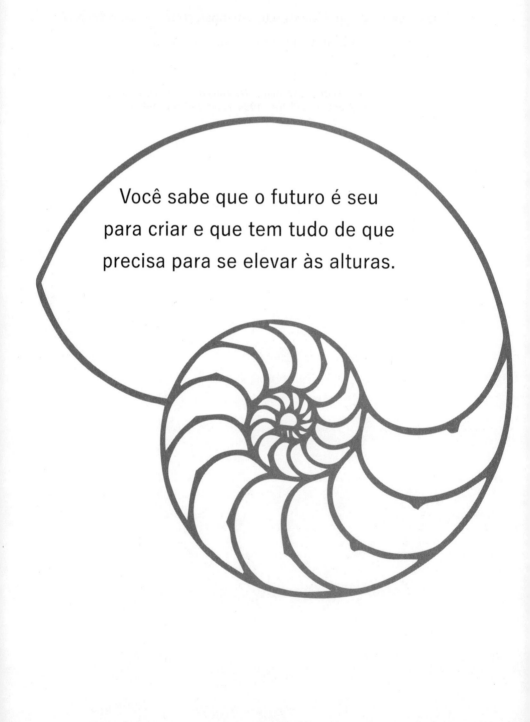

Texto n. 14

REVISÃO E RESUMO

Sob circunstâncias normais, quando chegamos ao final de qualquer coisa, pensamos: "Esse é o final". Não será assim com a sua **Fórmula Mágica**. Desde que começou com o Texto n. 1, você veio ganhando, se expandindo, crescendo. Agora chegamos ao Texto n. 14, que conclui o aprendizado – pelo menos no que tange ao material impresso –, mas é apenas o começo, para a sua vida. Sim, você ganhou muito; mais, talvez, do que possa ter esperado no início, mas a experiência de ser capaz de conseguir o que realmente quer na vida é tão nova para você que você seria uma exceção se fizesse mais do que apenas tocar as possibilidades oferecidas por um verdadeiro entendimento da psicologia criativa.

Agora você está no seu caminho. Sabe que as afirmações feitas ao longo desta leitura são verdades. Sabe que o futuro é seu para criar e que tem tudo de que precisa para se elevar às alturas.

Enquanto escrevia estas linhas, veio à minha mente a imagem do dia em que eu estava no convés de um imenso navio a vapor, num píer em Nova York. Cada fibra do meu corpo vibrava com uma expectativa feliz, enquanto eu olhava para a multidão que acenava, vendo o palácio flutuante deslizar gracioso do cais para a expansão azul. Essa imagem simboliza como vejo você, meu querido leitor, como está, no convés da sua vida, seguindo contente rumo à realidade que você mesmo vai escolher.

Com sinceridade, desejo que o estudo desta **Fórmula Mágica** seja a maior aventura da sua vida. Saber que, por meio dela, você alcançou novos panoramas de realização e felicidade significa muito mais para mim do que o pouco dinheiro que devo ter ganhado vendendo estes textos para você. Então vamos parar por uns instantes, antes de começar a nova jornada da nossa vida, para nos certificar de que estamos extraindo o máximo de cada texto aqui oferecido. O resto deste será devotado a apontar alguns dos destaques, os predominantes. Mas não pense que, ao fechar este livro, você o exauriu de possibilidades. Se fosse ler estes textos umas doze vezes, você ganharia algo novo a cada vez que fizesse isso. E sabe por quê? Porque, ao se desenvolver, você acrescenta os seus pensamentos aos que lhe foram oferecidos, tornando-os ainda mais poderosos.

Você aceitou a ideia de que deve ter seu ser físico examinado pelo menos uma vez por ano. Seus olhos devem ser examinados com a mesma frequência. Você vai ao dentista duas vezes ao ano. Crie o hábito de ler estes catorze textos pelo menos duas vezes ao ano. Isso manterá todos esses princípios vivos na sua mente, para que o seu progresso seja contínuo.

TEXTO n. 1. A determinação foi a ideia predominante no Texto n. 1. Você foi incentivado a construir, dentro de si, uma determinação tão forte que nada o impedirá de alcançar grandes realizações. Sete passos foram dados para você começar o caminho rumo a mais felicidade e sucesso, e cada um deles é muito importante, mas a **determinação** é a sugestão mais importante de tudo que esse texto contém. Isso foi relembrado ao longo do curso. A esta altura, você deveria saber que nada, absolutamente nada o impedirá de obter da vida **saúde, riqueza** e **extrema felicidade**.

Muitas palavras compridas das diversas áreas da ciência são encurtadas com símbolos e iniciais, como TNT, que significa trinitrotolueno, HCN, DDT e muitas outras. Mas praticamente todas elas se referem a substâncias que estão do lado destrutivo. Vamos ser diferentes e criar um símbolo que ficará do lado **do bem**. A seguir, você verá uma imagem do olho humano por cima das letras DTN. Pense no olho como um símbolo do verdadeiro eu, o eu mental. Claro que você já sabe o que DTN significa. Sim, **determinação**! Que tal fixar essa imagem na sua mente? Visualize-a com tanta clareza que toda vez que vir a imagem de um olho você se lembre da sua determinação para alcançar coisas grandiosas na vida. Esse símbolo também fará você se checar frequentemente para se certificar de que está vivendo à altura das promessas que fez a si mesmo. Lembre-se: a determinação é a sua palavra de ordem.

TEXTO n. 2. Talvez, enquanto lia o Texto n. 2, a verdadeira ideia predominante não lhe tenha parecido ser tão predominante assim. Mas agora ela tem novo significado para você. Aprender que você é uma mente com um corpo, em vez de um corpo com uma mente, é uma chave importante para entender que é o **mestre do seu ser**. No Texto n. 2 há seis afirmações, cada uma pensada para produzir um resultado específico. Não há como reler qualquer uma delas sem obter algo de bom, então faça isso sempre. Alguns alunos gostam de manter o texto ao lado da cama, para ir dormir com alguns pensamentos positivos na mente. Essa é uma ideia excelente, e nada além de coisas boas pode vir disso. Se testar, você vai sempre fazer isso, tenho certeza.

TEXTO n. 3. A mente pensa em imagens, imagens são padrões, e padrões são aceitos pela mente criativa, que passa a reproduzi-los em nosso ser e em nossos assuntos.

No Texto n. 3 você foi colocado num protocolo de autodisciplina com relação aos seus pensamentos. Foi avisado de que os pensamentos negativos criam reações negativas e foi incentivado a começar uma "dieta mental", eliminando do menu da sua mente todos os pensamentos que tendiam para o lado negativo ou destrutivo.

Pedimos que você visualizasse um instrumento com um ponteiro que registraria o pensamento, e tenderia para o lado negativo quando pensamentos negativos fossem aceitos. Um instrumento desses (que chamamos de medidor de pensamentos) o manteria alerta e o faria guiar seus pensamentos para o lado construtivo. Será interessante retomar o Texto n. 3 sempre que achar que está escorregando para a negatividade.

TEXTO n. 4. É preciso ter coragem para dizer em público que a Fórmula Mágica ajudará as pessoas a conseguirem o que querem da vida: sucesso, posses, saúde, felicidade. É preciso ter coragem porque o resultado prometido parece estar muito fora de proporção. Entretanto, ao concluir o Texto n. 4, você sabe que isso é verdade. Agora mesmo, se você seguiu os passos do seu texto, está pensando em toda uma série de objetivos que foram alcançados como resultado do seu melhor entendimento a respeito dos poderes que tem dentro da sua mente criativa. Você sabe, também, que até agora só tocou a superfície e que a realidade do passado é pequena se comparada às suas expectativas para o futuro. Sempre que tiver um desejo que não foi alcançado, reveja o Texto n. 4.

TEXTO n. 5. Centenas de alunos disseram que este texto somente valia muitas vezes mais o custo do curso inteiro. Na verdade, as bênçãos que ele lhe traz não podem ser computadas em espécie. O bem-estar físico não pode ser calculado em dinheiro.

Uma porcentagem excepcionalmente alta de problemas do corpo é causada pela tensão. Uma sensação constante de cansaço é provavelmente uma das maiores penalidades que a pessoa paga por estar sempre tensa. Claro que ninguém fica tenso por escolha; é um hábito físico ruim que a pessoa adquire. Pratique segundo as ideias e sugestões dadas no Texto n. 5. E se algum dos seus entes queridos é vítima constante da tensão, permita que leia esse texto para que entenda o entusiasmo que você tem com relação a essas palavras.

TEXTO n. 6. Você consegue ficar diante do espelho e, com **determinação** (DTN), dizer: "Eu sou mestre"? Uma vez, visitei um homem cujo *hobby* era montar modelos de ferrovias. Ele tinha um sistema de ferrovias que ocupava milhares de metros quadrados. Continha cerca de meio quilômetro de trilhos, montanhas, cidades, rios, fazendas, tudo em miniatura. O homem podia colocar-se diante de um painel de controle e operar tudo sem sair do lugar. Podia mandar qualquer trem parar ou seguir em frente, ou esperar enquanto outro trem passava etc. A empolgação que ele tinha com esse hobby era visível no rosto dele, que irradiava felicidade. Qual era a razão para o êxtase desse homem? Talvez ele não percebesse, mas **ele era o mestre**. Ele podia ficar ali, fazendo tudo acontecer como ele queria.

Ninguém além daqueles que chegaram ao ponto do autodomínio pode entender a satisfação que vem de saber que você é mestre do seu destino e que tudo que você faz é escolha sua. Você abençoará o Texto n. 6 toda vez que vir seu autodomínio em ação.

TEXTO n. 7. Você pode datar sua entrada nesse estado conhecido como sucesso no momento em que terminou o Texto n. 7. Com ele você usa uma combinação da sua DTN e do seu autodomínio para sair da classe dos desejos e entrar no reino do sucesso. **Você É** um sucesso!

Seu entusiasmo pela sua Fórmula Mágica se deve ao fato de que, por meio dela, você é capaz de fazer suas realizações. A única satisfação que obtemos na vida vem das coisas que nós mesmos criamos. A Fórmula Mágica lhe ensinou que as pessoas trabalham mais para acabar fracassadas do que para ter sucesso; além disso, ela lhe dá a alegria de ver o sucesso chegar como resultado dos seus esforços.

TEXTO n. 8. A **varinha mágica,** como foi tratada nesse texto, é muito importante. Agora, antes de seguir adiante, feche os olhos por um instante e retorne ao Texto n. 8. Você consegue ver com clareza a varinha mágica? Você a entende totalmente? Já testou? Nada lhe parecerá fora de alcance depois que você se familiarizar com esse princípio infalível.

A varinha mágica lhe dá a oportunidade de ver os princípios do sucesso em ação.

Talvez você ouça muitas palavras com as quais não tem familiaridade, mas enquanto não começar a usar essas palavras, elas não farão parte do seu vocabulário. O princípio delineado no Texto n. 8 não se tornará parte de você enquanto não começar a fazer uso dele. Então use! Use-o em desejos grandes, e nos pequenos também. Quando entender todo o valor da varinha mágica, você a valorizará como um dos maiores dons que ganhou com a sua Fórmula Mágica.

TEXTO n. 9. Muitos psicólogos acreditam que pelo menos uma em cada quatro pessoas é impedida por timidez, preocupação, medo ou algum complexo psicológico. O que foi tratado no Texto n. 2, acerca de você ser uma mente com um corpo, somado ao material do Texto n. 6, sobre autodomínio, tornará relativamente fácil para o leitor dissolver seus medos, suas preocupações, sua timidez etc.

Em certa época da minha vida, eu sofria terrivelmente com a timidez. Vivia infeliz, não somente por causa do que não vivia da vida, mas também devido à minha fraqueza de não ser capaz de superar a timidez. A maioria dos leitores livra-se da timidez antes de chegar ao Texto n. 9; e praticamente todos quando terminam esse texto.

Assim como sugeri que você compartilhasse o texto sobre relaxamento com os outros, não hesite em fazer o mesmo com esse aqui, principalmente se algum ente querido estiver sendo constrangido por esse inimigo da felicidade.

TEXTO n. 10. Neste ponto, devo repetir um lema que escrevi certa vez e que foi citado muitas vezes por todo o país. "Um homem pode arrastar-se por anos sem mostrar sinais de realização, quando, em algum momento, inesperadamente, um pensamento poderoso insinua--se dentro da mente dele, e nasce um líder."

Tenho certeza de que essa mesma coisa acontecerá com muitos leitores depois que concluírem o Texto n. 10. As ideias são chamadas de velas de ignição do sucesso, e elas começarão a faiscar quando a pessoa entender que a sua mente é tão fértil para ideias construtivas quanto a de qualquer outro. Rever esse texto é sempre bom para dar uma elevada mental substanciosa.

TEXTO n. 11. Talvez, antes de ter começado esta leitura, você nunca tenha pensado em si mesmo como um líder. Agora, se seguiu todos os textos passo a passo, você casualmente aceita essa condição como algo natural.

Você, agora, tem um conceito inteiramente diferente do que tinha a respeito da liderança. A maioria das pessoas pensa no líder como um ditador, dominador, até cruel. Isso não é liderança. Um bom líder é humilde e até modesto. O líder lidera, não direciona.

Faz tão pouco tempo que você leu esse texto que ele deve estar muito claro na sua mente. Lembre-se, no entanto, de que os princípios tratados no Texto n. 11 são tão valiosos que você pode muito bem tirar um tempo para revê-lo, de vez em quando.

TEXTO n. 12. A essência de todo esse texto pode ser resumida numa afirmação simples. **Adquirir uma boa memória é meramente uma questão de desenvolver uma consciência de boa memória**. Tenha essa ideia em mente – sempre. Nunca veja a si mesmo de nenhum outro jeito exceto tendo uma boa memória. Se um fato escorregar para fora da consciência, saiba que foi porque você deixou que ele fugisse, mas tem o poder de trazê-lo de volta. Sob nenhuma circunstância cometa o erro de achar que a sua memória está falhando. **Você tem uma boa memória.**

TEXTO n. 13. "Tenho todo tipo de sorte, mas sempre é ruim." Já ouvi essa frase muitas vezes, e em geral a pessoa que a fala está certa. Ela adquiriu uma consciência de má sorte e, sem saber, está, de fato, atraindo a má sorte para si mesma. Isso nunca acontecerá com você, que aprendeu com a Fórmula Mágica. Você sabe que é mestre do seu destino. Se não estiver seguindo na direção para a qual quer ir, sabe que, uma vez que está diante do leme, basta apenas mudar o curso da viagem.

Bem, agora, deixe-me dizer-lhe com toda a minha sinceridade...

Que você tenha alegria e paz!

COMO TIRAR SEUS PROJETOS DO PAPEL

Muitas pessoas têm ideias incríveis, mas que não saem do campo do pensamento. Algumas por não terem a atitude e a consistência necessárias para transformar suas ideias em algo concreto, e outras porque não sabem, se perdem no caminho, e essa confusão gera uma paralisia.

A seguir vou mostrar uma ferramenta eficiente para você conseguir colocar em prática, de maneira simples e visível, os principais *insights* deste livro e assim atingir a sua máxima performance.

Brainstorming
Propósito, real motivo e o que move você

1. O que você faria a mais se tivesse a certeza de que o seu objetivo daria certo?

_____
_____
_____
_____
_____

2. Se pudesse mandar uma mensagem para milhares de pessoas, como se estivesse em um estádio, que mensagem seria essa?

_____
_____
_____
_____
_____

3. E se o dinheiro não fosse nenhum problema na sua vida, zero? Se você tivesse dinheiro infinito:

O que você faria?

O que você faria de graça?

O que você faria por anos?

Até aqui, escreva, a qual conclusão você chegou?

_____
_____
_____
_____
_____

É essa conclusão que lhe mostra sobre as coisas que você gosta de fazer e que lhe trazem energia. A alta performance estuda sobre os pontos fortes e sua aplicação de maneira objetiva. Um ponto forte é tudo que traz energia a você, que o completa. Da mesma forma, um ponto fraco é tudo que drena a sua energia. Essas respostas darão uma pista de onde moram suas vontades mais profundas.

Vamos em frente.

Já entendemos os seus motivos. Vamos deixar claro agora por que as pessoas precisam que suas ideias sejam tiradas do papel. Esse projeto, quando materializado, vai ajudar e contribuir para o desenvolvimento dessas pessoas. Tenha claro quem são elas e vamos entender como isso pode beneficiá-las.

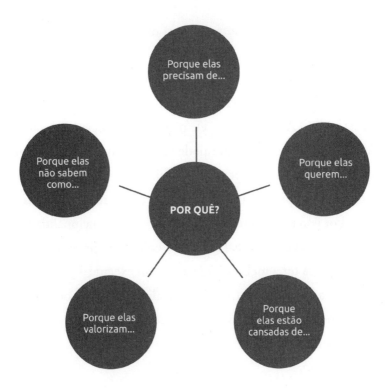

Suas ideias são genuínas. No final das contas, somente você sabe os seus reais e mais profundos motivos. E é por isso que algumas pessoas se apegam demais e não deixam que as ideias ganhem força. Elas são como um bebê preso na barriga de uma mãe. Se a mãe não parir, o bebê não nasce.

Quando se fala em pessoas visionárias e suas ideias, existem quatro categorias:

ESPERADOR DE IDEIAS – é vitimista e inerte. Não age e não tem ideias. Não entra em estado de *flow*, não se coloca em posição de absorver *insights*. É acomodado e com baixa performance. É o pior dos quadros.

VICIADO EM IDEIAS – tem o pensamento caótico, atividade cerebral alta, e é movido por ideias e motivação. Tem muitas ideias o dia todo, mas, à medida que o tempo passa, a motivação passa também. A ideia se perde por conta da baixa motivação, e ele começa a ter pouca ou nenhuma ação. Com a retomada da motivação, as ideias são retomadas também. É um ciclo viciante, mas não existe avanço. É a sensação real e concreta de sempre estar no ponto zero.

APEGADO ÀS IDEIAS – ele pensa que as ideias são como uma toalha molhada, da qual sempre pode sair mais um pouco de água se ele espremer. Ele fica tão apegado às ideias que não avança. Tem um enorme medo de comunicar suas ideias porque acredita que elas serão roubadas. Por isso raramente entra em ação com intencionalidade total.

APRIMORADOR DE IDEIAS – coloca em prática e faz acontecer. Não espera ter a melhor ideia, mas sim executá-la. O aprimorador melhora a ideia dos outros, é especialista em perceber, analisar e agir rapidamente. Ele aperfeiçoa a ideia durante o processo, mas não se apega à perfeição. Esse é o que tem a melhor performance entre os quatro perfis.

Agora que você já sabe as quatro categorias de pessoas e ideias e que o APRIMORADOR DE IDEIAS é a melhor delas, vamos escrever de maneira objetiva do que realmente se trata o que você quer fazer.

Responda às perguntas a seguir.

1. **Problema/oportunidade**
Seu projeto veio para solucionar um problema ou é uma oportunidade que você enxergou?

2. **Quem**
Pessoa ou pessoas responsáveis por ele.

3. **O que ele faz**
De maneira sucinta: o que ele faz ou fará?

4. **Investimento**

Vai precisar de dinheiro? De quanto? A partir de quando? Até quando?

5. **Notícia**

Como você quer que seu projeto seja anunciado logo após o seu lançamento?

6. **Impacto positivo**

Durante seu projeto e ao final dele, qual impacto você imagina ter provocado nas pessoas?

COMO APRESENTAR SEU PROJETO

Agora que você tem seu projeto organizado, chegou a hora de apresentá-lo. Nesse momento não desperdice o tempo de quem vai ouvir. Muitas pessoas perdem a chance de impactar o ouvinte porque não têm um roteiro de apresentação e ficam correndo atrás do rabo. Utilize a metodologia G.R.O.W.

INGLÊS	PORTUGUÊS	MÉTODO
G GOAL	OBJETIVO	Essa é a parte mais simples e direta. Aqui deve ser falado o que exatamente será explicado.
R REALITY	REALIDADE/ CENÁRIO	Explicação do cenário. Um estudo prévio deve ter ocorrido nessa fase. Colocar dados o ajudará a gerar impacto e autoridade sobre o seu estudo.
O OPORTUNITY	OPORTUNIDADE	A partir do cenário exposto você apresentará uma solução para resolver um problema específico.
W WILL	AÇÕES/ PROPOSTA	Nesse ponto você faz uma chamada para ação, ou seja, apresentar a proposta final. Ela deve ser objetiva.

Esse é um modelo garantido, funciona. Eu o utilizo e ensinei para milhares de alunos espalhados pelo mundo todo. Coloque suas ideias no papel e as transforme em resultados. A performance é sobre esforço voltado para o desempenho e não desperdício de energia, ativos e dinheiro.

Chegamos ao final com reflexões e estratégias práticas para transformar os seus pensamentos, sentimentos e atitudes. Antes de me despedir, quero que você reflita sobre os fundamentos a seguir.

Padrão Habitual n. 27: leitura
Desgosto

por Ella Wheeler Wilcox

Desgosto.
O esplêndido desgosto de Deus
Com o caos criou o mundo.
Pôs sóis no lugar, e encheu o espaço
Com estrelas a brilhar e girar.

Se os macacos se contentassem com caudas,
Coisa nenhuma de melhor forma
Teria podido nascer: o rei da Terra
Hoje seria um macaco.

E do desgosto do homem
Brota o progresso do mundo.
Então alimente a chama (que veio de Deus)
Até você abrir suas asas.

Fonte: Ella Wheeler Wilcox, *Poems of Power* (Poemas de poder). W. B. Conkey Company, Chicago, 1901, p. 48.

Padrão Habitual n. 28: meditação
Bata, busque, peça

Evangelho de Mateus 7,7

Diz Jesus:[7] "Peçam, e será dado; busquem, e encontrarão; batam, e a porta será aberta.[8] Pois todo o que pede recebe; o que busca encontra; e àquele que bate, a porta será aberta.[9] Qual de vocês, se seu filho pedir pão, lhe dará uma pedra?[10] Ou, se pedir peixe, lhe dará uma cobra?[11] Se vocês, apesar de serem maus, sabem dar boas coisas aos seus filhos, quanto mais o Pai de vocês, que está nos céus, dará coisas boas aos que lhe pedirem![12] Assim, em tudo, façam aos outros o que vocês querem que eles façam a vocês; pois isso são a Lei e os Profetas".

NÃO CONFUNDA

1. Pressa com velocidade – Pressa é afobação. Velocidade é precisão.
2. Paciência com lerdeza – Paciência é a direção certa no tempo certo. Lerdeza é a direção errada no tempo errado.
3. Humildade com modéstia – Humildade é não falar sobre competências. Modéstia é não as ter.
4. Individualismo com individualidade – Individualismo é pensar somente em si. Individualidade é respeitar a sua essência, mesmo pensando no outro.
5. Educação com escolarização – Educação é função dos pais. Escolarização é função da escola.
6. Movimento com ação – Movimento é mover-se. Ação é mover-se em direção ao objetivo.
7. Barulho com ruído – Barulho deve ser evitado. Ruído deve ser ignorado.
8. Contundência com arrogância – Contundência é assertividade. Arrogância é ataque destrutivo.
9. Liberdade com libertinagem – Liberdade é facilitar a comunicação. Libertinagem é a ausência de limites na comunicação.
10. Delegar com delargar – Delegar é dar suporte. Delargar é sumir.
11. Opinião com fato – Opinião é o que o outro acha de você. Fato é quem realmente você é.
12. Difícil com impossível – Difícil é possível, embora difícil. Impossível é uma questão de opinião.
13. Insistência com persistência – Insistência é fazer várias vezes a mesma coisa. Persistência é fazer várias vezes a mesma coisa de maneira diferente.

14. Conhecimento com sabedoria – Conhecimento é a quantidade de informação que acumulamos. Sabedoria é o que fazemos com ele.
15. Jornada com destino – Jornada é flexível. Destino é rígido.
16. Colegas de trabalho com amigos – Colegas diminuem com o tempo. Amigos não.

THE NAPOLEON HILL FOUNDATION
What the mind can conceive and believe, the mind can achieve

O Grupo MasterMind – Treinamentos de Alta Performance é a única empresa autorizada pela Fundação Napoleon Hill a usar sua metodologia em cursos, palestras, seminários e treinamentos no Brasil e demais países de língua portuguesa.

Mais informações:
www.mastermind.com.br

Livros para mudar o mundo. O seu mundo.

Para conhecer os nossos próximos lançamentos
e títulos disponíveis, acesse:

🌐 www.**citadel**.com.br

f /**citadeleditora**

📷 @**citadeleditora**

🐦 @**citadeleditora**

▶ Citadel – Grupo Editorial

Para mais informações ou dúvidas sobre a obra,
entre em contato conosco por e-mail:

✉ contato@**citadel**.com.br